中國學術思想 研究輯刊

十一編

林慶彰 主編

第36冊

吳廷翰氣學思想研究

林秀鳳 著

花木蘭文化出版社

國家圖書館出版品預行編目資料

吳廷翰氣學思想研究／林秀鳳 著 — 初版 — 新北市：花木蘭
文化出版社，2011〔民100〕
目 2+156 面；19×26 公分
（中國學術思想研究輯刊 十一編：第 36 冊）
ISBN：978-986-254-482-2（精裝）
1.（明）吳廷翰 2.學術思想 3.明代哲學
030.8 100000814

ISBN-978-986-254-482-2

9 789862 544822

中國學術思想研究輯刊
十一編 第三六冊 ISBN：978-986-254-482-2

吳廷翰氣學思想研究

作　　　者　林秀鳳
主　　　編　林慶彰
總　編　輯　杜潔祥
出　　　版　花木蘭文化出版社
發　行　所　花木蘭文化出版社
發　行　人　高小娟
聯絡地址　新北市永和區中正路五九五號七樓之三
　　　　　　電話：02-2923-1455／傳眞：02-2923-1452
網　　　址　http://www.huamulan.tw 信箱 sut81518@ms59.hinet.net
印　　　刷　普羅文化出版廣告事業
封面設計　劉開工作室
初　　　版　2011 年 3 月
定　　　價　十一編 40 冊（精裝）新台幣 62,000 元

吳廷翰氣學思想研究

林秀鳳　著

作者簡介

　　林秀鳳，民國 53 年出生，台灣省高雄縣人，畢業於政治大學中文系、政治大學國文教學碩士班，曾任救國團台北義務「張老師」幼獅育樂營輔導員、台北縣私立復興商工教師、台北縣縣立石碇高中教師，現任教於台北市市立育成高中。多次指導學生參加全國中等學校學生小論文寫作比賽榮獲第一名，個人曾獲台北市高中職性別平等教育國文科教案甄選比賽佳作。

提　要

　　吳廷翰個性「疾惡尚嚴，而意實仁恕」，人如其號「蘇原」：「臭味芳烈」，高潔自守，不隨俗奉承。「性與時格」四字正是他一生的寫照，當他為官時，以廉潔伉嚴的態度面對貪官汙吏，歸隱期間從事著述，厭惡俗儒之支離，勇於批評當時的官學——程朱理學和風靡一時的王陽明心學，認為程朱理學的「理先氣後」論是「近乎異說」，王陽明以心為本的心學是「聖學之害」，他對程朱、陸王思想的批評正也反映其伉嚴的個性本色。他的寫作意旨，乃因不滿於當時學風愈加浮濫虛靡、或輕薄而陷入佛教異端，其中「『氣即是理』，『性大於心』，《大學》之格致誠正修齊治平，與《中庸》之戒慎恐懼有直截橫貫工夫，本是一理」這段話，就是他的氣本論、心性論與修養工夫論的主要著力點，本論文即以此三方面來探討其思想的意涵。有關吳廷翰的思想研究，台灣學界的研究尚未見全面性，開展性亦不足。反觀日本學者和大陸學者的重視與肯定，他們的見解是探討吳廷翰思想的重要資源，但是以唯物主義觀點為據，視其為唯物主義氣本論思想家有失偏頗，本文即試圖跳脫大陸學者唯物論之思考模式，回歸吳廷翰思想原典，梳理其思想脈絡，探討其氣學思想的體系、立場與特點，以窺得此沈寂四百多年的思想家面貌，並反映明代中期以氣為本之思潮。

致 謝 辭

　　呈現於眼前的是這兩年來與時間賽跑的成果，在工作、家庭與課業的夾縫中掙扎，固然有艱辛的味道，卻能有幸重返學術的鱟宇，一窺堂奧，得圓夙夢，雖然駑鈍如我尚未能真正登堂入室而解大惑，但此刻只有感恩的心。

　　從大學時期我一直很喜歡這一段話：「心永遠地為夢清醒，有多少遠方就有多少追尋，有多少執著就有多少冷清，無怨無悔無恨，與愛同行。」我常以此鼓舞自己前進。人生的追尋不避有踽踽獨行的孤寂清冷，尤其對一個不具慧根的我，只憑一股傻勁就想探索博大精深、浩瀚無垠的中國思想，常常要面對苦思而不解的渾沌，所幸背後浩大的啦啦隊的精神支持與行動贊助，讓我的孤單不再是孤單。

　　首先最感謝的人是指導教授劉又銘老師，他一直以宏觀的理念引領我做出前瞻性的研究，耐心地等待我的前進，細心地同理我的困惑，在內容與寫作方法上對我增益之多無法一一言喻。此外，承蒙兩位口試教授：王俊彥老師、王志楣老師的指導，王俊彥老師是目前台灣研究吳廷翰的專家，逐頁鞭辟入裡地指正，讓我受益匪淺；王志楣老師「貶式的讚美」令人印象深刻，對內容的建議具體而寶貴。滿懷感謝的心，慶幸自己有這些良師的不吝指導，得以讓論文生色起來。

　　還有在生活中隨時關照我的親友團，公婆無怨地代勞家務；石碇、育成高中的同事的體貼；兩位寶貝學生雯忻與依庭的打字；琬琪、莉麗、一娟等同學不時的心得交流……等等，他們的協助與扶持減輕我的辛酸與苦楚。最後的大功非外子莫屬，這本論文彷彿是我們的第三個孩子，沒有他的鼎力參與，我怎能孕育而生呢？沒有他的縱容，我怎能拋家棄子而浸淫書香之中，作我的研究大夢啊？

　　苦恨學力根淺、時間交迫，這本論文仍有許多不善處，師長的勉勵我銘記於心，期盼來日或後人能再補足，不敢企盼能為璀璨的鑽石，若能將玻璃粹煉成琉璃，即歡欣不已，不過，這還得下更大的氣力。

92 年 7 月 21 日

目

次

第一章　緒　論 ……………………………………………… 1

　第一節　研究動機、範圍與前人研究成果 ………………… 1

　　一、研究動機與前人研究成果 …………………………… 1

　　二、研究方法、材料與範圍 ……………………………… 6

　第二節　吳廷翰生平傳略 …………………………………… 9

　　一、疾惡尚嚴，而意實仁恕 ……………………………… 11

　　二、學以倫理爲本，文出自得 …………………………… 12

　　三、厭世儒之支離好名 …………………………………… 13

　第三節　思想淵源 …………………………………………… 15

　　一、張綸 …………………………………………………… 15

　　二、鄭長史與葉子奇 ……………………………………… 16

　　三、王廷相 ………………………………………………… 18

　　四、羅欽順 ………………………………………………… 19

　第四節　思想背景與時代思潮 ……………………………… 21

第二章　氣本論 ……………………………………………… 29

　第一節　氣爲天地萬物之祖 ………………………………… 30

　　一、天地之初，一氣而已 ………………………………… 31

　　二、太極一氣耳 …………………………………………… 40

　　三、一陰一陽之謂氣 ……………………………………… 45

　第二節　以氣爲理 …………………………………………… 47

　　一、理即氣之條理 ………………………………………… 48

　　二、理有雜揉不齊 ………………………………………… 49

　　三、理氣爲一物 …………………………………………… 50

第三節　氣即道，道即氣 ………………………………… 53

　一、陰陽即道 ……………………………………… 54

　二、道者，理之可由者也 ………………………… 55

　三、器亦道，道亦器 ……………………………… 56

第三章　心性論 ……………………………………………… 63

第一節　性即是氣，性之名生於人之有生 ……… 63

　一、性即是氣 ……………………………………… 64

　二、以生言性 ……………………………………… 67

　三、凡言性也者，即是氣質 ……………………… 71

第二節　心生於性 ………………………………………… 73

　一、心性之辨 ……………………………………… 74

　二、道心亦人心，人心亦道心 …………………… 76

　三、對佛教、張載、朱熹與陸王的批評 ……… 82

第三節　性善惡論 ………………………………………… 89

　一、性為仁義禮智之實體 ………………………… 90

　二、稟氣不齊，性有偏全、厚薄、多寡 …… 91

　三、性相近，習相遠 ……………………………… 94

第四章　修養工夫論 ………………………………………… 99

第一節　主靜寡欲、盡性精一 ………………………… 99

　一、主靜必兼動靜 ………………………………… 99

　二、聖人之學盡性而已 ………………………… 103

第二節　格物致知論 …………………………………… 112

　一、格物只是至物 ……………………………… 112

　二、致知必驗之於物而得之於心，乃為真知

………………………………………………………… 117

　三、反對「格物為正物」、「致良知」 ……… 119

　四、德性之知必實以聞見 …………………… 125

第三節　知行常在一處，自有先後 ……………… 129

　一、知至而行即次之 …………………………… 130

　二、知行決是兩項 ……………………………… 131

　三、反對「知行合一」 ………………………… 133

第五章　結　論 …………………………………………… 137

參考資料 …………………………………………………… 145

第一章 緒 論

第一節 研究動機、範圍與前人研究成果

一、研究動機與前人研究成果

「氣」在中國哲學的本體論中是相當重要的一個範疇，關於氣的思想始自先秦；至宋明之時，其思想更臻於豐富。張載從「太虛即氣」、「太虛無形，氣之本體」〔註1〕出發，以為無形的太虛是氣的本然狀態，氣是宇宙萬物及其運動變化的根源；此理路與後來的程朱、陸王迥然相異，張載據以建立其獨具特點的「關學」，是明清氣本論的先驅。明代羅欽順主張「理只是氣之理」〔註2〕、「初非別有一物，依於氣而立，附於氣以行也」〔註3〕，這便正式走向了氣本論的立場。而王廷相主張「氣者造化之本」、「氣也者，道之體也」〔註4〕，比羅欽順展現了更鮮明的氣本論色彩〔註5〕。

繼王廷相之後，吳廷翰提出了「氣為天地萬物之祖」的思想，加入了反對程朱思潮的一員，他批駁程朱的「理先氣後」、「理本氣末」是「近乎異說」，

〔註1〕 （宋）張載，《張載集·正蒙·太和》，台北：里仁書局影印標點本，1981，頁8。

〔註2〕 （明）羅欽順，《困知記·續卷上·38》，北京：中華書局，1990點校本，頁68。

〔註3〕 （明）羅欽順，《困知記·卷上·11》，頁5。

〔註4〕 （明）王廷相，《王廷相集·慎言》，北京：中華書局，1989點校本，頁755、809。

〔註5〕 詳見劉又銘，《理在氣中：羅欽順、王廷相、顧炎武、戴震氣本論研究》，台北：五南圖書出版公司，2000二版，頁57。

提出「理即氣之條理」、「理氣爲一物」。亦對陸王的心學批判尤力，指其「致良知」之說，「源頭只是佛，假吾儒之學，改頭換面出來」、「悖於聖人」；而「知行合一」之說，「適足以掩其知而不行之過，而欲以講說論辨爲聖賢」。〔註6〕他認爲太極、道、陰陽、虛實、聚散皆是氣之異名，氣是宇宙萬物和人的思想精神統一的本體，理爲氣之理，人心、道心皆生於氣。他以氣爲本的思想立場是無可置疑的。

吳廷翰（西元 1491～1559 年）生於明代中期，生平不爲正史所載，於《明儒學案》亦未有著錄，僅能從《無爲州志》、《江南通志》、《廬州府志》和陳田《明詩紀事》等書中窺得些許事蹟，他在中國思想史上並未發生重大影響，故少爲人知。其著作《蘇原先生全集》於死後雖由其長子吳國寶於明萬曆二十九年（1601 年）編定，少子吳國寅刊刻而成，但在中國很少流傳，而在日本卻流傳甚廣，影響亦大。不僅影響十七世紀日本古學派創始人伊藤仁齋（1627～1705 年）及其弟子中江岷山（1655～1726 年），還有十八世紀後期至十九世紀初的著名學者山片蟠桃（1764～1821 年）。其哲學思想在日本哲學史上的作用和地位，歷來爲日本學者所重視，有關其研究的論著至今常見，並有許多可貴的見解。〔註7〕如太宰春台就稱許其著作：「闢程朱之道，豪傑也。聞日本伊藤仁齋讀吳廷翰書開悟。」〔註8〕

日本學者三浦藤作於《中國倫理學史》中，將其視爲「陽明學之反對者」，並與羅欽順相提並論爲「獨立學派」，且表列爲獨立學派之首，〔註9〕可見在日本學界其地位不下於羅欽順。渡邊秀方於《中國哲學史概論》在論及羅欽順思想時亦認爲吳廷翰的「氣一元論」曾影響了伊藤仁齋。〔註10〕此外，有關日本學者指出吳廷翰思想對伊藤仁齋的影響之事，根據大陸學者衷爾鉅的研究考察計有：太宰春台、那波魯堂、尾藤二洲、三浦瓶山、太田錦城、井

〔註6〕 參見（明）吳廷翰，容肇祖點校，《吳廷翰集·吉齋漫錄·卷上》，北京：中華書局，1984，頁 5、34、7、57、60、54。以下引用吳廷翰著作多出自《吳廷翰集》者，茲省略此書名不再標明，而以原著書名顯示。

〔註7〕 詳見衷爾鉅，《吳廷翰哲學思想》，北京：人民出版社，1988，頁 165～186。

〔註8〕 （日）太宰春台，《聖學問答·卷下》，收於井上哲次郎、蟹江義丸共編《日本倫理學彙編》第六冊，京都：臨川書店，1970 年（昭和 45），頁 286。

〔註9〕 三浦藤作以爲該派一面受朱子與陽明之影響，又爲非朱子非陽明之獨得學說，故稱爲「獨立學派」。詳見（日）三浦藤作著，張宗元、林科棠譯，《中國倫理學史》，台北：台灣商務印書館，1964，頁 424、443～444。

〔註10〕 （日）渡邊秀方著，劉侃元譯，《中國哲學史概論》，台北：台灣商務印書館，1964，頁 140。

上哲次郎等人。甚者以吳廷翰思想撰爲專論的有：安井小太郎〈伊藤仁齋與吳蘇原〉、岡田武彥〈吳蘇原與郝楚望〉、荒木見悟〈吳蘇原的思想──對容肇祖論文的批判〉、山井湧〈吳廷翰的人性論〉等。〔註11〕岡田武彥於《宋明哲學序說》裡，將其列入「反宋明學的精神──唯氣思想」專節探討〔註12〕；又於《王陽明與明末儒學》中，將吳廷翰與馮貞白、陳清瀾、郝楚望等人列爲是「對於陸王及佛老堅持批判立場」的批判派，又指出吳廷翰「提倡新說而批判陸王與佛老，而且其批判追溯到了宋儒」。〔註13〕

　　反觀中國最早論述吳廷翰的是大陸學者朱謙之，他在《日本的古學及陽明學》（1962 年）〔註14〕與《日本哲學史》（1965 年）中介紹了吳廷翰在日本的影響，再來就是容肇祖撰寫的〈吳廷翰的哲學思想概述〉（1965 年）〔註15〕。近年大陸學者基於唯物主義立場對氣本論高度推崇，有關吳廷翰思想之研究已有專著，分別爲：袁爾鉅《吳廷翰哲學思想》〔註16〕（1988 年）、姜國柱《吳廷翰哲學思想探索》〔註17〕（1990 年）。袁書稱他是：「我國明代中後期具有樸素唯物主義思想的哲學家」，「在哲學思想上，他既不宗信程朱理學，也不屬於陳獻章、王陽明心學派」，「他的理論思維所達到的高度和深度，足與羅欽順、王廷相並列爲明代唯物論大家」。〔註18〕姜書更推舉他：「在唯心主義佔統治地位的時代，高舉唯物主義的旗幟，對程朱理學、陸王心學和宗教神學進行了深刻的揭露和尖銳的批判，在揭露和批判中，打擊了唯心主義哲學，捍衛了唯物主義哲學，並繼羅欽順、王廷相之後，進一步發展了唯物主義哲學」〔註19〕。最早將他編入明代思想史專書中的是容肇祖的《中國歷代思想

〔註11〕　參見袁爾鉅，《吳廷翰哲學思想》，頁 206～210。

〔註12〕　（日）岡田武彥，《宋明哲學序說》，東京：文言社，1977（昭和 52），頁 337～344。

〔註13〕　（日）岡田武彥，吳光、錢明、屠承先譯，《王陽明與明末儒學》，上海：上海古籍出版社，2000 年，頁 283～284。

〔註14〕　朱謙之《日本的古學及陽明學》以馬列主義觀點研究日本哲學，很多章節都譯成日文，此書初版於 1962 年，由上海人民出版社出版，此後沒有再版，直至 2000 年由北京人民出版社編入「哲學史家文庫」中。

〔註15〕　此文原載於《中國哲學史論文集（二集）》（中華書局，1965 年）。今收錄於《容肇祖集》，山東：齊魯書社，1989，頁 317～334。亦見於容肇祖《吳廷翰集》點校本。

〔註16〕　袁爾鉅，《吳廷翰哲學思想》，北京：人民出版社，1988。

〔註17〕　姜國柱《吳廷翰哲學思想探索》，安徽：人民出版社，1990。

〔註18〕　袁爾鉅，《吳廷翰哲學思想》，頁 1。

〔註19〕　姜國柱，《吳廷翰哲學思想探索》，頁 1。

史：明代卷》（1993 年）〔註20〕，近年則有張學智的《明代哲學史》（2000 年）〔註21〕，以及李書增、岑青、孫玉杰、任金鑒等人編的《中國明代哲學》（2002 年）〔註22〕。其他散論中，容肇祖以爲：「他的思想受有王廷相的影響，但是在他的學說中，在自然觀、認識論和知行關係問題上，比之王廷相有進一步的研究和更富戰鬥意義的精神，是值得我們注意」〔註23〕。葛榮晉則從對王廷相的專門研究擴及到與吳廷翰的思想比較〔註24〕，並從實學思想的發展史和哲學範疇方面考察吳廷翰的思想〔註25〕。張立文主編的《中國哲學範疇精粹叢書》則由哲學範疇的研究論及吳廷翰的思想〔註26〕，認爲他是：「明代客體理哲學家。他繼承羅欽順、王廷相之後，明確提出氣爲宇宙本體的思想，批判程朱絕對理和陸王主體理哲學」〔註27〕。蕭萐父、許蘇民所撰的《明清啓蒙學術流變》則特別闡述他「人欲不在天理外」、「義利原是一物」的思想〔註28〕。王家驊於《儒家思想與日本文化》則介紹吳廷翰對伊藤仁齋思想的影響〔註29〕。又吳廷翰第十六代孫吳昌合撰有〈吳廷翰及其著作〉專文介紹

〔註20〕容肇祖，《中國歷代思想史（伍）：明代卷·第十七章吳廷翰的哲學思想》，台北：文津出版社，1993，頁 419～464。

〔註21〕張學智，《明代哲學史》，北京：北京大學出版社，2000，頁 366～382。

〔註22〕李書增、岑青、孫玉杰、任金鑒編，《中國明代哲學·第二十六章吳廷翰的思想》，河南：人民出版社，2002，頁 952～995。

〔註23〕容肇祖，〈吳廷翰的哲學思想概述〉，《吳廷翰集》，頁 15。

〔註24〕參見葛榮晉，《王廷相和明代氣學》，北京：中華書局，1990。《王廷相》，台北：東大圖書公司，1992。《中國哲學範疇導論》，台北：萬卷樓圖書公司，1993。〈吳廷翰哲學思想初探——兼論吳廷翰與王廷相哲學之比較〉，《江淮論壇》，1986 第 1 期，頁 92～101。

〔註25〕葛榮晉主編，《中國實學思想史》，北京：首都師範大學出版社，1994。陳鼓應、葛榮晉、辛冠潔主編，《明清實學簡史》，北京：社會科學文獻出版社，1994。

〔註26〕張立文主編，《中國哲學範疇精粹叢書——氣》，北京：中國人民大學出版社，1990。《中國哲學範疇精粹叢書——性》，台北：七略出版社，1996。《中國哲學範疇精粹叢書——天》，台北：七略出版社，1996。《中國哲學範疇精粹叢書——心》，台北：七略出版社，1997。《中國哲學範疇精粹叢書——變》，台北：七略出版社，2000。《宋明理學邏輯結構的演化》，台北：萬卷樓圖書公司，1993。《中國哲學範疇發展史——天道篇》，台北：五南圖書出版公司，1996。《中國哲學範疇發展史——人道篇》，台北：五南圖書出版公司，1997。

〔註27〕張立文主編，《中國哲學範疇精粹叢書——心》，頁 286。

〔註28〕蕭萐父、許蘇民，《明清啓蒙學術流變》，瀋陽：遼寧教育出版社，1995，頁 84～87、133～135。

〔註29〕王家驊，《儒家思想與日本文化》，杭州：浙江人民出版社，1990。台北：淑

〔註 30〕。綜觀所見，大陸學界普遍地基於唯物論立場，將吳廷翰視爲明代對程朱、陸王思想的批判者，並認爲他是羅欽順、王廷相思想的繼承者。

　　相對於大陸，台灣學界對吳廷翰之研究是極冷清的。由於承襲了傳統理學主流的觀點，台灣學界對宋明理學偏重於程朱、陸王二學派的研究，對於明代氣本論者之研究尚屬開拓時期，有關吳廷翰思想之專門研究似乎只見王俊彥的〈吳廷翰「以氣即理，以性即氣」的思想〉與〈吳廷翰的格物致知論〉二文，前文論述其「立於道、理、太極、陰陽、性、心皆由氣出之立場，摒除彼此位階之不同，使彼此內涵相即相入而爲一之氣本論」〔註 31〕。後文則由其物本論立場，探討《吉齋漫錄》中所顯示的中庸格致、明德之學，以及對朱子、陽明諸家的取捨。〔註 32〕此外便只能在有關羅欽順、王廷相、戴震的研究中間接看到，如：林嘉怡的《明代中期「以氣論性」說的崛起──羅欽順與王廷相人性論之研究》，提及他爲羅、王之繼承者〔註 33〕；陳正宜的《羅欽順理學思想之研究》，則言及他與羅欽順的心性論，「皆產生相似理氣是一之論以解決當時的課題」，並且認爲其「性氣一物」的觀點「正好與欽順及廷相二人主張相同，即是只有『氣質之性』，而『天地之性』之作用已存於氣質之性中」〔註 34〕。趙世瑋的《戴震倫理思想研究》，在探討戴震倫理觀發展的氣論基礎上注意到吳廷翰的氣本論確立了氣學的地位，以及他性氣合一論下的理欲觀。〔註 35〕總之，整體看來台灣學界對於吳廷翰思想的研究尚未見全面性，開展性亦不足。

　　海外學界對吳廷翰的注意倒比台灣要多一些。根據香港學者王煜介紹，密西根大學博士 Samuel Hideo Yamashita 在《荻生徂徠著作中的自然與技巧》中便三次指出羅欽順、王廷相、吳廷翰三人都比程朱學派更重視經驗、物理、

　　　馨出版社，1994，頁 120～123。
〔註 30〕吳昌合，〈吳廷翰及其著作〉，《中國典籍與文化》，1994 年第 1 期，頁 19～20。
〔註 31〕王俊彥，〈吳廷翰「以氣即理，以性即氣」的思想〉，《華岡文科學報》第 21 期，1997 年 3 月，頁 61～92。
〔註 32〕王俊彥，〈吳廷翰的格物致知論〉，《儒學與現代管理研討會》，南臺技術學院，1996 年 11 月，頁 35～58。
〔註 33〕林嘉怡，《明代中期「以氣論性」說的崛起──羅欽順與王廷相人性論之研究》，政治大學中國文學系碩士論文，1998，頁 155。
〔註 34〕參見陳正宜，《羅欽順理學思想之研究》，中國文化大學中國文學系碩士論文，1999，頁 147、184。
〔註 35〕趙世瑋，《戴震倫理思想研究》，中山大學中國文學系碩士論文，1995，頁 59～60、70～72。

情欲及實用政策，而哥倫比亞大學漢學家狄百瑞（Wm. Theodore de Bary）也首先察覺羅、王、吳三人啓導了日本德川時代三位儒者——山鹿素行、伊藤仁齋、荻生徂徠。王煜並且提出：羅、王、吳三人的唯氣論與經驗論，可補救王陽明事上磨煉良知說的偏向；一個平衡的文化不能單獨講究良知德性，必須突破主體性去探討客觀物理；羅欽順、王廷相與吳廷翰三人在中國哲學史上的啓蒙地位，堪比西方哲學史上的培根和霍布斯。〔註36〕

誠如容肇祖所言：吳廷翰的著作在日本學術界深受歡迎，流傳甚廣，影響也很深遠，但在中國卻湮沒不著，這是值得重視的問題。〔註37〕這也是導引本文研究動機之一。再者大陸學界對於吳廷翰思想的探討雖然較多，但以唯物主義觀點爲據，視其爲唯物主義氣本論思想家，認爲其主氣的思想中，氣有質，是眞實的存在，他是氣一元論者〔註38〕。反觀台灣學界多因不能認同這種類比於唯物論觀點而忽略氣學，因此對氣學理論尚未有全面而深刻的了解。綜觀吳廷翰氣本思想並非西方唯物論那般一無價值、精神的內涵，不可以西洋唯物論與之類比。〔註39〕本文即試圖跳脫大陸學者唯物論之思考模式，回歸吳廷翰思想原典，梳理其思想脈絡，探討其氣學思想的體系、立場與特點，以窺得此沈寂四百多年的思想家面貌，並反映明代中期以氣爲本之思潮。

二、研究方法、材料與範圍

台灣學界向來侷限於程朱、陸王理學二派的研究，尚忽略對吳廷翰思想的探討；大陸則以其唯物主義觀點，極力抬高吳廷翰之思想地位。這種不同立場的詮釋皆有失客觀公允，本文期能以開放的多元價值觀點，尊重並體會他的思想立場及其特點，首先扣緊其文本來掌握、理解他的思想典範與思想內容，將其著作中所觸及的哲學問題加以歸納，作系統的闡述，建構出吳廷翰氣學思想的內容與意涵。並藉由與羅欽順、王廷相同質相似理論之對照，以及與程朱、陸王異質理論之比較，探索出他個人的思想體系。此外，除了比較吳廷翰與朱子、陽明思想之差異外，亦探討他們在更大脈絡中相通之處，

〔註36〕 參見王煜，〈明清哲學八題〉，《文哲心得與書評》，台北：水牛出版社，1996，頁237。

〔註37〕 （明）吳廷翰撰，（民國）容肇祖點校，《吳廷翰集》，頁3。

〔註38〕 裒爾鉅，《吳廷翰哲學思想》，頁40。

〔註39〕 詳見劉又銘，《理在氣中：羅欽順、王廷相、顧炎武、戴震氣本論研究》，緒論：「唯物論者對氣本論的誤讀」，頁11〜12。

如在修養工夫上，吳廷翰對聖人之學與朱、王同樣具有熱情與堅持，並不因不同之思想體系而忽視抹煞之。

吳廷翰著有《吉齋漫錄》、《叢言》、《櫝記》、《甕記》、《志略考》及《湖山小稿》、《蘇原詩集》、《蘇原文集》、《洞雲清響》若干卷。其中《叢言》、《志略考》目前尚未發現。吳廷翰之著作目前收集最完整者為一九八四年二月容肇祖點校整理，北京中華書局出版之《吳廷翰集》，內容計有：《吉齋漫錄》、《甕記》、《櫝記》、《湖山小稿》、《蘇原文集》、《蘇原詩集》及《洞雲清響》，涵蓋有哲學、文學、政治之思想，以及對六經諸書、天文曆算、歷史人物的評論，還有詩文詞曲的創作。其中有關哲學思想的論述以《吉齋漫錄》、《櫝記》、《甕記》為多，茲將其大要、成書過程與意旨分述如下：

《吉齋漫錄》，分上下卷，著於明嘉靖二十二年（西元 1543），為吳廷翰哲學思想主要著作，其書自序有言：

> 「漫錄者，漫然而錄之，非有先後次序，亦非有規倣摹擬，若立言者然也。天下之理日新無窮，聖賢相繼發明，幾無餘蘊。翰愚無所知，其於是理蓋嘗求之，亦惟取其不疑乎心，不戾乎聖人者，而以為是耳。故凡有所見，或得於積思，或得於偶悟，皆隨筆箚記，以備遺忘，資考問。」〔註40〕

《櫝記》，分上下卷。上卷論六經諸書，下卷論曆算。有小引言：「翰於坐隅嘗日置一櫝，偶讀書而有所疑或臆見，輒筆而投諸中，積之既久，恐其逸也，鈔為《櫝記》，以俟質問云。」〔註41〕

《甕記》，分上下卷。上卷論歷史人物，從堯舜到明于謙；下卷破除鬼神迷信。有小引言：「翰於隅置一甕，偶讀史有所疑，輒筆而投諸中，亦如《櫝記》然。既久，鈔為《甕記》，以俟質問云。」〔註42〕

目前台灣有關吳廷翰的著作善本書之收藏，國家圖書館與故宮博物院圖書館藏有《蘇原先生詩集》，為明萬曆間（1573～1620）吳氏家刊本。另外最完整的是現藏於中央研究院傅斯年圖書館購自日本的《蘇原全集》十三卷十冊，為明萬曆二十九年（1601）吳國寶編次、吳國寅刊本，是據日本內閣文庫藏紙燒本影印。〔註43〕至於研究材料，本文以北京中華書局根據《蘇原全集》增補了

〔註40〕 （明）吳廷翰，《吉齋漫錄・卷上》，頁5。
〔註41〕 （明）吳廷翰，《櫝記・卷上》，頁129。
〔註42〕 （明）吳廷翰，《甕記・卷上》，頁75。
〔註43〕 「紙燒本」為日本書籍的版本名，乃據善本微捲放大裝訂成冊，按日本購買

其他資料的《吳廷翰集》爲主，另外亦參考日本「古典研究會」於昭和四十八年（西元 1973 年）出版之《和刻本漢籍隨筆集》第八集收有《櫝記》、《甕記》〔註 44〕。又其中有關吳廷翰哲學思想的論述雖以《吉齋漫錄》、《櫝記》、《甕記》爲多，本文研究之直接材料除此三部分外，並隨時檢閱《文集》相關資料以爲呼應。再者，袁爾鉅於 1987 年曾專程赴吳廷翰原籍安徽省無爲縣查訪，獲致吳廷翰第十五代嫡孫吳輝國保存的《濡須吳氏宗譜》，其中有尚未刊刻的佚文七篇，尤其吳廷翰自撰的〈吳廷翰行實〉以及其子吳國寅所撰的〈先考參議府君墓志〉，資料珍貴，可供吳廷翰生平研究參考。〔註 45〕關於吳廷翰思想比較研究之部份，本文則隨時旁徵宋明理學諸儒之原典，如：《張載集》、《二程集》、《朱子語錄》、《王陽明全書》、《困知記》、《王廷相集》……等，再輔以《宋元學案》、《明儒學案》、《明史》……等相關資料。且奠基於前人研究成果，參考相關「學術思想史」、「理學史」及「氣學」等論文、專著，以期融會呈現宋明理學發展之脈絡、吳廷翰哲學思想之面貌，及其在宋明清學術思想之承接地位。

對整個宋明的哲學思想，傳統上大致區分爲程朱與陸王二派，並以「理學」稱之。馮友蘭於《中國哲學史新編》則主張只有用「道學」才能概括理學與心學，認爲理學這個名稱還使人誤以爲就是與心學相對的那種理學，因而，不容易分別道學中的程朱和陸王兩派的同異。並提出道學有三大派：理學、心學和氣學。以程顥代表道學中心學的一派，程頤代表理學的一派，張載的一派爲氣學。心學和理學是道學中的唯心主義，氣學是道學中的唯物主義。〔註 46〕至八十年代大陸學界對宋明理學的分派，一般都以程朱爲理學或理本論，爲客觀唯心主義；陸王爲心學或心本論，爲主觀唯心主義；又加上張載到王夫之的氣本論，爲唯物主義。〔註 47〕袁爾鉅更提出在宋元明時期氣學與理學、心學是鼎立的三大思潮，試圖從學術發展的歷史事實來確立氣學

　　　　規定比照善本書管理。此書爲（日）東京都：高橋情報出版，1993。内容有：
　　　　《蘇原詩集》二卷、《蘇原文集》二卷、《吉齋漫錄》二卷、《櫝記》二卷、《甕記》二卷、《洞雲清響》一卷、《湖山小稿》三卷，凡十三卷。

〔註44〕　（日）《和刻本漢籍隨筆集》第八集，東京：汲古書院發行，古典研究會出版，1979 第三刷，頁 269～313。

〔註45〕　此相關資料參見於袁爾鉅，《吳廷翰哲學思想》附錄，頁 192～219。

〔註46〕　馮友蘭，《中國哲學史新編》（第五冊），台北：藍燈文化公司，1991，頁 25、135、267。

〔註47〕　張立文，〈中國八十年代宋明理學研究的分析與思考〉，《宋明理學邏輯結構的演化》，頁 519。

的正當性與地位。〔註48〕綜觀所見，「氣學」或「氣本論」的新名稱已普遍地受大陸學界所接受，台灣學界目前雖然尚未有普遍的認定與研究，但是吳廷翰與羅欽順、王廷相的思想類型屬於氣學一派是現階段兩岸學者相關研究的共持見解。而他和羅欽順、王廷相等人的氣本論的基本立場較為單純一貫，可以歸為氣本論中的基本型或純粹型，論者有以「本色派氣本論」〔註49〕或「純粹氣本論」〔註50〕、「絕對氣本論」〔註51〕稱之。因為吳廷翰處於明代氣本論的模糊階段，其理論的定位有待探討，故本文的研究範圍，現階段的重點偏重於核心主題的釐清，主要探討其較具體系與條理的哲學思想，並且以具有鮮明的個人色彩者為主，經釐清整理為氣本論、心性論、修養工夫論，並兼及對其學術史地位之考察。吳廷翰的氣學思想不僅有以氣為本的狹義的氣本論的基本主張和立場，其心性論與修養工夫論是以氣為本的氣本論立場下的進一步思想，亦可說是廣義的氣本論。〔註52〕本文的氣學思想即是取廣義氣本論之義，並且試圖跳脫大陸學者那種唯物論式的氣學詮釋觀點。

第二節　吳廷翰生平傳略

　　吳廷翰字崧伯，別號蘇原。明南直隸無為州（今安徽省無為縣）人，生於明弘治辛亥年（西元 1491 年），卒於明嘉靖己未年（1559），為明朝中期時人。〔註53〕天生穎異，八歲從外祖父張綸學《大學》、《中庸》，十二歲讀《易》，並經童子試為縣學生員。明正德十四年（1519）中應天府舉人第五，正德十六年登進士。其生平不為正史所載，於《明儒學案》亦未有著錄，僅能從《無為州志》、《江南通志》、《廬州府志》和陳田《明詩紀事》等書中窺得些許事蹟，故少為人知。其著作《蘇原先生全集》於死後雖由其長子吳國寶於明萬曆二十九

〔註48〕袁爾鉅，〈理學和心學考辨——兼論確認「氣學」〉，《甘肅社會科學》，1988年第 3 期，頁 27～31。
〔註49〕此說詳見劉又銘，《理在氣中》，頁 4。
〔註50〕此說見於王俊彥，〈呂緝熙「氣生於氣」之思想〉，《中國文化大學中文學報》，2002 年 3 月，第 7 期，頁 61。
〔註51〕此說見於趙世瑋，《戴震倫理思想研究》，頁 60。
〔註52〕有關氣本論的狹義與廣義之分詳見劉又銘，《理在氣中》，頁 3。
〔註53〕因《無為州志》、《江南通志》、《廬州府志》等書皆不載其生卒年，日本德川時代學者大宰春台《聖學問答》以及三浦藤作《中國倫理學史》皆認為他是明末人，其生卒年日經過袁爾鉅根據《濡須吳氏宗譜》中世系表及吳國寅所撰的《先考參議府君墓志》考訂予以確定，生於弘治辛亥年（1491）九月初九寅時，卒於嘉靖己未年（1559）十月初八巳時，享年為六十八歲。

年（西元 1601 年）編定，並由少子吳國寅刊刻而成，但在中國藏書不全，亦很少流傳，反而流傳於日本，容肇祖點校的《吳廷翰集》還是參考從日本帶回的《蘇原先生全集》原抄本與複印本整理而成。所以研究者常有類似的慨嘆：「他和他的著作在我國已湮沒無聞四百餘年之久」〔註54〕。衷爾鉅於 1987 年曾專程赴吳廷翰原籍安徽省無為縣查訪，獲致吳廷翰第十五代嫡孫吳輝國保存的《濡須吳氏宗譜》，其中有尚未刊刻的佚文七篇，尤其吳廷翰自撰的〈吳廷翰行實〉以及吳國寅所撰的〈先考參議府君墓志〉資料珍貴。衷爾鉅對於吳廷翰的世系、生平與著作考察甚詳，又著有〈吳廷翰生平和學術編年〉〔註55〕，可幫助我們進一步認識吳廷翰的生平事蹟與思想特點，功勞頗大。

他的生平梗概，根據清乾隆八年常廷璧所修《無為州志・卷十五・仕績》記載如下：

> 吳廷翰字崧伯，別號蘇原。生而穎異，十二受〈易〉，補弟子員。正德己卯舉應天第五。明年登進士，歷兵戶二部主事，轉吏部文選司。與當事爭執選簿，忤其意，外補廣東僉事。首平黃田之亂，督撫上其功，賜銀幣。更巡嶺南，兼督學政。彈治時貴，風裁矯峻，人不敢干。旋遷浙江參議，蘇驛均徭，又立社學、義倉等規約，以便民。調山西，屬歲大祲，力請蠲貸，鬻淫祠，出帑羨，以飼莩餓，所活殆數十萬人。已督攻漁川盜，大擒獲，有銀幣之賜。
>
> 翰性疾惡尚嚴，而意實仁恕，所至旌孝節，禮耆舊，恤孤獨，尤甄拔俊髦，多所識錄。嘗被命採端溪硯，不取一枚。其廉謹如此。以亢直，往往與權要忤。年四十餘，遂致仕。家居三十年，徜徉湖山之勝。事繼母盡孝，至老不衰。平生綜覽博洽，惡俗儒之支離。嘗上書王陽明公。又與歐陽南野、余玉崖諸公往復辯論。與人無貴賤大小，一於敬。
>
> 晚年手不釋卷，所著有《漫錄》、《叢言》、《櫝記》、《甕記》、《志略考》及《湖山小稿》、《蘇原全集》若干卷。子國寶，第進士，居官以廉幹著聲。詩文皆有父風。（《吳廷翰集・附錄・吳廷翰傳》，頁 528。）

吳廷翰世系出身寒微，其父吳景昭曾「佃於人，而入其租，或身自販易」，至

〔註54〕 吳昌合，〈吳廷翰及其著作〉，《中國典籍與文化》，1994 年第 1 期，頁 19。
〔註55〕 此相關資料參見於衷爾鉅，《吳廷翰哲學思想》附錄，頁 192～219。

吳廷翰始顯榮。〔註56〕袁爾鉅將吳廷翰一生劃分爲三階段：一、出仕前從學階段，於明正德十六年（1521）前，時年三十歲；二、出仕爲官階段，於明嘉靖元年至十四年（1522～1535），先後在京師、廣東、浙江和山西共十四年的時間；三、致仕歸隱階段，自嘉靖十四年至三十八年（1535～1559），在此二十四年中，雖徜徉湖山之勝，而主要著作均在此時期完成。《吉齋漫錄》完成於嘉靖二十二年，時年五十二歲。〔註57〕袁書考察詳實，本文不再細述，僅藉相關傳志、自評與書序彰顯其個性、事蹟與風範。

一、疾惡尙嚴，而意實仁恕

　　吳廷翰爲官十四年，性伉直尙嚴，不阿權貴，爲人則仁恕廉潔，治民恤撫孤老，提攜後進，旌揚孝節，政績顯著。曾上疏「蘇驛均徭」，又立社學、義倉等規約，以便利於民。又曾平黃田之亂有功，督攻擒獲漁川盜賊。後歸故里，築室於無爲州治城東湖濱，號曰：「蘇原居士」，家居三十年，徜徉湖山之勝。盡孝事奉繼母，至老不衰。與人相交無論貴賤大小，皆以「敬」待之。他取號「蘇原」之意爲紫蘇之原，乃因家鄉紫蘇質地優良，「臭味芳烈，他產不及」，他不僅喜蘇、歌蘇、種蘇，並築「歌蘇臺」、「蘇原別墅」，他於〈蘇原別墅記〉對他的寫〈採蘇歌〉詮釋說：「採不欲稀，愛之至也。浣以溪水，欲其潔也。多爲湯液，足乎己，厭其欲也。慨無買者，不求人知，亦不輕售」。〔註58〕可見他的個性高潔自守，不隨俗奉承。馮夢禎於〈鐫蘇原先生全集序〉讚嘆其說：「先生剛介絕俗、風裁矯矯。憑義而動，賁育不撓。其芳草香鬱烈有類於蘇，至試之用兵刑藩臬，惟上所使，必盡其職，如蘇之入藥，有已疾之功。惜其大業不竟，而以蘇原老，徒洩其意於聲律文章，竟無出錢買蘇者，亦可悲矣。」〔註59〕正彰顯出他伉直的節操，而他雖有如紫蘇入藥之性可以救人，但終是與當道不合，辭官歸里養老，轉以詩詞曲文寄託其情。

　　他個性疾惡剛急，爲官期間「大抵強直自遂，不苟隨人，其忤時執一處爲多」，如任戶部主事、吏部文選司郎中時，皆因主持公道而忤逆當道、得罪權貴而遷調。如「在廣東，則以憲綱敕束西坐，犯巡撫之怒而不顧」；「在山西，則堅取鹽銀賑濟，犯巡鹽之怒而不顧」；「署提學，則不私鄉官之子弟；

〔註56〕　參見袁爾鉅，《吳廷翰哲學思想》，頁6。
〔註57〕　參見袁爾鉅，《吳廷翰哲學思想》，頁7～22。
〔註58〕　（明）吳廷翰，《湖山小稿・卷下・蘇原別墅記》，頁241～242。
〔註59〕　（明）吳廷翰，《鐫蘇原先生全集序》，頁17～18。

審行獄，則平反訪察充軍之冤枉；守巡二道，則以去貪殘、黜庸鄙爲己任，不少姑息，則犯囑者之怒而一無所顧」。他爲官皆如此類不阿權貴，正是《無爲州志》上所言的「彈治時貴，風裁矯峻，人不敢干」。此外，他廉潔嚴拒請託和賄賂，「山西賑濟處派余銀四萬兩而不取。在浙，則溫州之器不取，青田之石不取。在廣，則端溪之硯不取，潮雷之葛絹不取。在山西，則一坐褥不取」。〔註60〕若此廉潔、嚴謹的守己之風，都是其剛介絕俗的寫照。

當他爲官時，以廉潔伉嚴的態度面對貪官汙吏，歸隱期間，他徜徉湖山，閒情自適，從事著述外，「日課子讀書其中。……足不跡城府，口亦絕不及城府事。有托爲干請者，遜謝而已」〔註61〕，亦不干涉地方事務。但當時朝政爲張璁、嚴嵩把持，吏治昏暗，年荒饑民充斥，他還是關心民間疾苦，於〈江村行贈元洲太守入覲〉詩中透過一江村老翁之言：「年來筋力罷耕作，屋中無人止一孫。歲好猶難辦租課，年荒眼看腹忍餓。時常行乞到此村，十家九戶多殘破」〔註62〕。希望張翰能將此民間困狀上達朝廷，可見他仁恕之德。

二、學以倫理爲本，文出自得

吳廷翰「生平綜覽，雖極博洽，然一以倫理爲主」〔註63〕，他重視古代經典的倫理道德，尤其首推《論語》孝悌忠信之道，他說：

> 平生爲學，只見得倫理爲根本、爲急。應事之對，乃曰首所得。若《六經》、《語》、《孟》雖所遵信，而以爲莫先於《論語》。《論語》之言，莫要於「入則孝，出則弟」，及「君子不重則不威」二章。故每誦之。蓋孝弟忠信，乃人生之本，學之所以成始而成終者。孟子曰：「堯舜之道，孝弟而已矣。」《大學》則修身、齊家、治國、平天下。總之，以忠信。舍此而泛求無益也。（《吳廷翰哲學思想·附錄·吳廷翰行實》，頁212。）

他認爲「孝弟忠信，乃人生之本，學之所以成始而成終者」。爲學誦書之旨在行孝弟忠信的倫理之道，學貴親身實踐，他反對捨此而泛求的空談。而他「所至旌孝節」，己又「事繼母盡孝，至老不衰」，即如居官亦伉直謹嚴，皆是爲學之旨的體現。

〔註60〕參見袁爾鉅，《吳廷翰哲學思想·附錄·吳廷翰行實》，頁211～212。
〔註61〕參見袁爾鉅，《吳廷翰哲學思想·附錄·先考參議府君墓志》，頁215。
〔註62〕（明）吳廷翰，《詩集·卷上·江村行贈元洲太守入覲》，頁355。
〔註63〕參見袁爾鉅，《吳廷翰哲學思想·附錄·先考參議府君墓志》，頁216。

其個性謹嚴剛直，辭官隱居之後有詩文之作，他的文學觀則反對當時模擬的風氣，主張流露「獨出己意」的自然性情。他自述其詩文觀的轉變，有言：

> 若詩文，雖其餘事，固不大棄絕，亦不耽溺，大抵厭蹈襲模擬。如《左傳》、《檀弓》亦嘗仿而爲之，今最所不樂，故作文措詞命意，時出自得。如《妙庵》、《醉軒》《睡軒》、《五雲》、《游仙》序及洞記，乃興趣所至，自然而成，不計工拙。詩初學李杜，更取漢魏，今見無益，只看自己性情何如。性情眞處不加概括，不煩藻飾，信手爲之，亦自然可誦。此晚年所得也。（《吳廷翰哲學思想‧附錄‧吳廷翰行實》，頁 212。）

他對詩文的態度是不棄絕，亦不耽溺，著有《湖山小稿》、《蘇原文集》、《蘇原詩集》及《洞雲清響》等書，其詩文作品不少，早期文曾仿《左傳》、《檀弓》，詩「上準風、雅，下宗李、杜」，初學李白、杜甫，後則取法漢、魏，至晚年觀念則轉變爲：「刊落摹擬，獨出己意」〔註64〕，認爲：「作文措詞命意，時出自得」、「只看自己性情何如。性情眞處不加概括，不煩藻飾，信手爲之，亦自然可誦」。此文風觀念的改變，正反映出他對明代前後七子李夢陽、何景明、李攀龍、王世貞等復古派「文必秦漢，詩必盛唐」的文學主張的反對，而接近於公安派的文學主張：反擬古、復古，講究性靈、不拘格套。因此，其子以「沖邃平淡、興趣渾成」形容他的文風。〔註65〕

明萬曆南京國子監祭酒馮夢禎在〈鐫蘇原先生全集序〉評說：

> 先生詩，沈雄典古，直宗少陵。晚更雅淡質素，有陶、韋之遺風。文則本之《六經》、《語》、《孟》，雖汪洋恣肆，如翻風卷濤，頃刻萬里，而不離其宗。然先生實邃於理學，有淵、騫之根本，而亦不廢游、夏之枝葉。（《吳廷翰集‧鐫蘇原先生全集序》，頁 18）

正指出吳廷翰之詩先後的不同風格，以及他以孝弟之倫理爲根本的理學思想，而且他的成就兼及理學與文學二領域。

三、厭世儒之支離好名

他平生綜覽博洽，全以倫理爲主，惡俗儒之支離，批評當時的官學程朱理學和風靡一時的王陽明心學，認爲程朱理學的「理先氣後」論是「近乎異

〔註64〕參見袁爾鉅，《吳廷翰哲學思想‧附錄‧先考參議府君墓志》，頁 216。
〔註65〕參見袁爾鉅，《吳廷翰哲學思想‧附錄‧先考參議府君墓志》，頁 216。

說」，王陽明以心為本的心學是「聖學之害」。其著作大都完成於歸隱時期，此時雖然徜徉湖山，閒情自適，但他對程朱、陸王思想的批評正也反映其伉嚴的個性本色。根據《無為州志》與其子吳國寅〈先考參議府君墓志〉記載，他因厭惡世儒支離好名，曾上書王陽明，又曾與歐陽南野、余玉崖、何省齋、王順渠等人往復論辨。〔註66〕可惜這些資料目前尚未被發現，無法知道其內容，但從他以氣本論觀點對心學的批評（詳見第三章），我們大概可推知他與羅欽順〈與王陽明書〉、〈答歐陽少司成崇一〉的觀點應該一致。〔註67〕

他著作《吉齋漫錄》與《叢言》的意旨，就是闡發以倫理為根本的思想，來對抗支離之學。他說：

> 近世講學太多，言語太支離，門戶太分析，益生浮靡，或薄而入異端，尤所不喜。《漫錄》所述，盡之矣。至其間要領，則以「氣即是理」，「性大於心」，《大學》之格致誠正修齊治平，與《中庸》之戒慎恐懼有直截橫貫工夫，本是一理，不須附會穿鑿，務近而實遠，求明而反晦。《叢言》乃發明《漫錄》之未盡者，而兼有用世之所未究者。（《吳廷翰哲學思想・附錄・吳廷翰行實》，頁212。）

以上自述申明他的寫作意旨，乃因不滿於當時學風愈加浮濫虛靡、或輕薄而陷入佛教異端，而《吉齋漫錄》與《叢言》則是他的理學思想的內容，其中「『氣即是理』，『性大於心』，《大學》之格致誠正修齊治平，與《中庸》之戒慎恐懼有直截橫貫工夫，本是一理」這段話，就是他的氣本論、心性論與修養工夫論的主要著力點。本論文即以此三方面來探討其思想的意涵。可惜，他進一步闡發《吉齋漫錄》所未盡的思想，並且兼有挖掘當時未深入探究的議題，所寫的《叢言》至今尚未發現，否則其思想的內容、體系當有更完整的面貌。

綜觀吳廷翰一生個性、行事以及文風、思想，可以用其子吳國寅的這段話概括：

> 府君少慷慨有大志，動以古人自期。又善接納，所交多名流，顧性與時格，乃退而委志於學。生平綜覽，雖極博洽，然一以倫理為主。厭世儒支離好名，嘗上書王陽明公。又嘗與歐南野、余玉崖、何省齋、王順渠諸公往復論辨。其自治效呂東萊日程，志其行事，為文初法《左傳》。詩上準風、雅，下宗李、杜。爵然名家。晚乃刊落摹擬，獨出

〔註66〕參見袁爾鉅，《吳廷翰哲學思想・附錄・先考參議府君墓志》，頁216。
〔註67〕袁爾鉅正持有此見，《吳廷翰哲學思想》，頁17。

己意。其沖遠平淡，興趣渾成。尤覃精力於經史百家。沈思玄詣，務
極折衷。（《吳廷翰哲學思想·附錄·先考參議府君墓志》，頁 216。）

「性與時格」四字正是他一生的寫照，不僅爲官的行事作風與當朝相忤；文
風的歸趣也與當時富盛名的復古派前後七子相左；在思想方面，他更是批評
當時的官學程朱理學和風靡一時的王守仁心學，而與時尚相背。另外，他特
別殫盡精力於經史百家的研讀，沈思玄詣的目的在「務極折衷」，而此折衷的
態度正是他處於程朱官學的理本論與王學的心本論的紛爭中，所採取的學術
路線，亦是其思想的特點。

第三節　思想淵源

關於吳廷翰的思想淵源，姜國柱、衷爾鉅、葛榮晉等三位大陸學者均有所
論述。姜國柱認爲：其氣一元論直接的思想淵源主要來自其外祖父張綸與王廷
相兩人。張綸的氣之本原論、理氣統一論、性氣統一論等思想，以及王廷相的
元氣本論原、氣爲理之本的理氣統一論、太極即元氣論、氣變理亦變的發展論
都是對吳廷翰的重要影響。〔註 68〕姜國柱並且注意到，吳廷翰的性、理、氣論、
無神論、人性論，都曾受到張綸的啓發；同時他也分析了王廷相的宇宙觀、無
神論、認識論與人性論對吳的影響。〔註 69〕衷爾鉅也指出：吳廷翰哲學思想形
成過成中，與之有直接的、密切的關係的是張綸、鄭長史、王廷相、葉子奇和
張載，其中影響最大最深的是王廷相。〔註 70〕葛榮晉則提出：在吳廷翰的氣學
著作中，曾多次指名不指名地引證過王廷相的話，並把它作爲自己在宇宙觀、
人性論、認識論、無神論、歷史觀和天文學諸方面的立論根據。〔註 71〕以下便
參酌上述三位學者的觀點與個人所見，藉以說明吳廷翰的思想淵源。

一、張　綸

張綸（1440～1506）字廷言，自稱淮浦釣者，無爲州桐城鄉人，是吳廷
翰的外祖父，著有《林泉隨筆》〔註 72〕。吳廷翰幼時曾從其學《大學》、《中

〔註 68〕姜國柱，〈吳廷翰的氣論及其思想影響〉，《安徽師大學報：哲學社會科學版》，
　　　　1988 年第 3 期，頁 69。
〔註 69〕姜國柱《吳廷翰哲學思想探索》，頁 6～27。
〔註 70〕衷爾鉅，《吳廷翰哲學思想》，頁 123～146。
〔註 71〕葛榮晉，《王廷相》，頁 312～313。
〔註 72〕現存於《明史·藝文志》子部小說類。

庸》，其人「天質秀異，氣骨清瑩，少孤貧力學，勇猛絕人，長博邃群典、洞天人之蘊。修身守道，益以困阨，蓋累躓而不踣，既老而彌烈」〔註73〕，「潛心正學，博通《五經》，尤邃於《春秋》，至諸子百家靡不殫究，與兄載道一時皆以經學聞」〔註74〕。他「為人孤介絕俗，性復峭直」〔註75〕，這點吳廷翰伉嚴剛介的個性與他相同。吳廷翰受其影響頗深，自稱：「嗣先生之學，以求無愧於先生之言」〔註76〕，又曾自述說他之所以能「有所恐而不為惡，有所恃而為善」皆是得自外祖父之教〔註77〕。在「世方眩於功利詞章之習」的境況中，張綸修身守道、洞達天人、力學篤行、尚友古人的風範，令吳廷翰欽慕不已。〔註78〕

而他除了在為人處世上影響吳廷翰外，在思想方面，張綸「性不喜老釋，攻之不遺餘力。若世俗巫覡禱祝，一切禁不行」〔註79〕。吳廷翰亦不喜佛老，甚且以佛老之學來批評程朱與陸王的儒學思想的不純粹。張綸於《林泉隨筆》中說：「氣則養性，性則乘氣。氣存則性存，性動則氣動。愚謂人物之生死，不過陰陽合散之所為耳。氣聚則生，氣散則死，理之常也。」吳廷翰讀了有「此先生之所獨見」的讚嘆。〔註80〕他受外祖父張綸的啟發，而有將性與氣統一起來的說法。

二、鄭長史與葉子奇

從吳廷翰的〈蒙齋鄭先生集序〉〔註81〕、〈教問〉推知吳廷翰曾是鄭蒙齋（亮）之孫鄭長史的門人。有關鄭長史其人雖無從查考，但從〈教問〉一文可見鄭長史對吳廷翰之教育思想的影響。鄭長史說：「凡教，道德者曰人，又曰師，師曰尊嚴，尊嚴曰化成，化成曰教。是故化成不足求諸尊嚴，尊嚴不足求諸師師，師師不足求諸人人，人人不足求諸道德。是故聖人立教，以道德為祖，以人師為宗，以尊嚴為體，以化成為物。以道德為祖，則教有始也。以人師為宗，則事可統也。以尊嚴為體，則敬法可興也。以化成為物，則俗

〔註73〕　（明）吳廷翰，《文集・卷上・林泉隨筆序》，頁270～271。
〔註74〕　（明）吳廷翰，《文集・卷上・淮浦先生張公傳》，頁293。
〔註75〕　（明）吳廷翰，《文集・卷上・淮浦先生張公傳》，頁294。
〔註76〕　（明）吳廷翰，《文集・卷上・林泉隨筆序》，頁272。
〔註77〕　（明）吳廷翰，《文集・卷上・林泉隨筆序》，頁271。
〔註78〕　（明）吳廷翰，《文集・卷上・淮浦先生張公傳》，頁294。
〔註79〕　（明）吳廷翰，《文集・卷上・淮浦先生張公傳》，頁293。
〔註80〕　（明）吳廷翰，《文集・卷上・林泉隨筆序》，頁271。
〔註81〕　（明）吳廷翰，《文集・卷上・蒙齋鄭先生集序》，頁272。

可稽也。然則古之教者大德，今之教者大言。大德者考教，大言者圮教。考不考，圮不圮，德言而已矣。」可見鄭長史十分重視道德教育，而他強調以德爲大的教育思想，是不滿「今之教者大言」而發的，這似乎是批判當時王學以講學爲名，宣傳空疏寡實之心學。吳廷翰經此指教而言：「夫教，天地之極也，生民之基也，百物之柄也，上聖之府也，智哲之門也。考教者時教，圮教者否教。時教以治，否教不以治。大哉至矣，人生患弗聞教也。既聞之，患弗由也。既由之，患弗習也。既習之，患弗成也。……由則習，習則成。」〔註82〕他們皆將教育的臧否與社會的治亂聯繫起來。吳廷翰除肯定教育的重要性，他又強調聞、由、習、成的過程，而教而弗成不是教，在「習」之前，先「聞」而後「由」，先聽聞、依循於聖人之教，然後積習以進而成。這與他重視「學」、「知」，又反對程朱知而不行、王學以知代行，主張知行不離是一致的。

　　葉子奇字世傑，號靜齋，又號草木子，蒼括龍泉人（今浙江省龍泉縣），生卒年不詳，與劉基、宋濂同時。一生只做到巴陵縣（今湖南省岳陽縣）主簿，著有《太元本旨》、《元理》、《靜齋集》、《草木子》及《草木子餘錄》。其中《草木子》共四卷八篇，內容涉及天文星躔、律曆推步、時政災亂以及名物制度等。吳廷翰在《櫝記》中多次引述「草木子說」，他的自然科學知識對形成他的氣本論有著密切聯繫，而他的自然科學知識有許多來自《草木子》。吳廷翰吸收葉子奇的天文知識，也以氣言天，提出「天爲積氣」〔註83〕、「天無體，以二十八宿爲體」〔註84〕，否認「天有九野」說〔註85〕。對葉子奇主張：「天陽宗，故日最盛，是以日常圓而月則缺也。地陰宗，故水最盛，是以水常滿而火則伏也」、「風雨雲霧露雷，天之用也。吹噴噓呵呼，人之用也。天人一理也，但有小大之差耳」、「地居天之中，地平不當天之半。地上天多，地下天少，是以日出、落時見日大，近人也；日中天時，見日小，遠人也」等論述〔註86〕，吳廷翰認爲「此等語亦皆有理」。〔註87〕

〔註82〕（明）吳廷翰，《文集・卷下・教問》，頁331～332。
〔註83〕（明）吳廷翰，《櫝記・卷下・天爲積氣》，頁178。
〔註84〕（明）吳廷翰，《櫝記・卷下・測星》，頁173。
〔註85〕（明）吳廷翰，《櫝記・卷下・天有九野》，頁166。
〔註86〕（明）葉子奇，《草木子・卷1・管窺》，台北：廣文書局，1975，頁4、11、12。其中《草木子》言：「地居天之中，地平不當天之半。」與吳廷翰《櫝記・卷下》，頁174，所載：「地居天之中，地當天之半。」文字有出入。
〔註87〕（明）吳廷翰，《櫝記・卷下・草木子》，頁173～174。

三、王廷相

王廷相（1474～1544），字子衡，號浚川，河南儀封人（今河南省蘭考縣）。明弘治十五年（1502）登進士第，受翰林庶吉士，官至南京兵部尚書，兼都察院左都御史掌院事。爲官清廉正直，曾反對劉瑾專擅，上疏彈劾嚴嵩納賄行賄。吳廷翰在自己的著作中流露出對王廷相爲人的敬佩之意。在吳廷翰歸隱前，明嘉靖五年，王廷相與何瑭展開形神問題的論辯，六年完成了《愼言》，十七年王廷相又完成《雅述》。這些著作，爲吳廷翰撰寫的《吉齋漫錄》等提供了思想資料。吳廷翰在《吉齋漫錄》、《櫝記》、《甕記》中多次引述王廷相理論，作爲自己宇宙觀、人性論、認識論、形神論、歷史觀和天文學等方面的立論根據，他稱王廷相爲「近世儒者」、「浚川子」、「王子」等。

在宇宙論上，吳廷翰批駁《緯書》指出：「天一生水，地二生火之說，出於緯書，不足憑據。若近世儒者已知其說之非」〔註88〕。這裡所謂「近世儒者」應指王廷相。王廷相曾譴責陰陽五行是邪說異端，不切民用，吳廷翰針對這點評論說：「其說甚正，無人發明於此」，並稱讚王廷相「不取『天一生水』之說，極是」〔註89〕。又指出王廷相對「五行配四時」的觀點的批評「亦有獨見」〔註90〕；他稱許王廷相的無神論思想，以爲「此說甚明，足以破世俗之惑」〔註91〕。

在氣本論上，他沿襲王廷相的「元氣之上無物」的思想，提出了氣「爲天地萬物之祖」、「氣在天地之間，謂之元氣」的命題；他發揮王廷相的「氣爲理之本」的思想，認爲理的存在「非氣之外別有理也」，理只是氣在運行中「秩然井然，各有條理，所謂脈絡分明是已」。由此他也批評了程朱「理先氣後」、「理氣爲二物」理本論思想，指出程朱這種把理看成「超然一物立於天地之先」的觀點，是接近老子「道生天地」之說。他反對將理立於天地之先，以及將性懸於形氣之上；這與王廷相將性即理斥爲「謬幽之論」是相承的。吳廷翰氣神之說，指出張載立論的矛盾，亦有承於王廷相「氣神一貫說」。在道器觀上，王廷相：「氣，物之原也。理，氣之具也。器，氣之成也。《易》曰：『形而上者爲道，形而下者爲器。』然謂之形，以氣言之矣。故曰神與性乃氣所固有者，此也。」王以爲無論形而上、形而下皆是在「形」上說，而

〔註88〕（明）吳廷翰，《吉齋漫錄・卷上》，頁 20。
〔註89〕（明）吳廷翰，《櫝記・卷上・洪範五行》，頁 144。
〔註90〕（明）吳廷翰，《櫝記・卷下・五行所主之非》，頁 182。
〔註91〕（明）吳廷翰，《甕記・卷下・鬼神》，頁 108。

「形」正是就氣而言的，宇宙間還是僅有唯一的實體「氣」的存在。吳廷翰就是承繼其「器，氣之成也」、「然謂之形，以氣言之矣」的觀點發揮爲自己的道器觀。〔註92〕

在人性和理欲論上，吳廷翰在王廷相的「性氣相資」的基礎上，肯定了「性氣一物」、「性即是氣」、「氣即是性」的觀點，並且批評程朱把性氣「分明把作二物」，是「終屬恍惚，終屬意見，近於一說矣」。他認爲氣渾淪深微，有清濁、美惡，參差不齊，氣化爲人物時，氣有中與不中的差異，人是受天地之中氣而生的，物是受天地不中之氣而來，所以人性與物性因受氣不同而不同。這與王廷相「人有人之氣、物有物之氣」、「人有人之理，物有物之理」的思想基本相同。王廷相反對理欲對立，吳廷翰承繼而主張「人欲之中即是天理」。〔註93〕

在修養工夫論上，吳廷翰的主靜說與王廷相主張「主靜當察於事會」，當於「義理、德性、人事，著實處養之」是相通的。也皆是針對當時學者「專務靜坐理會，流於禪氏而不自知」，爲「救其偏之弊」而提出的。吳廷翰援引王廷相《雅述》中的話，主張「嬰孩之知，必假聞見而始知」，「德性之性，必由耳目始真」。他們也是鑑於「近世儒者務爲好高之論，別出德性之知，以爲知之至，而淺博學、審問、慎思、明辨之知爲不足」的流弊，進而特別重視「學而後知」的聞見之知。在知行關係上，吳廷翰吸收王廷相的「知行兼舉」，針對王陽明的「知行合一」混淆知行的區別，提出「知行常在一處，自有先後」。他主張「知至而行即次之」，正是王廷相的知行並進的思想。〔註94〕

四、羅欽順

羅欽順（1465～1547），字允升，號整菴，謚文莊，江西泰和人。弘治六年（1493）進士及第，歷任南京國子監司業、吏部左侍郎、南京吏部尚書等職；其間因觸怒劉瑾，被奪職爲民兩年。嘉靖六年辭官返鄉，「足不入城市，潛心格物致知之學」。他曾與王陽明、湛若水互相辨難，嘉靖六年至二十五年間陸續完成《困知記》，即以反對陸王爲宗旨。羅欽順、王廷相和吳廷翰皆生活於明弘治、正德和嘉靖年間，先後在這三朝爲官，有著共同的政治經歷。他們三人在學術上並無直接的師承，他與王廷相之間有無往來，目前還未有

〔註92〕有關兩人氣本論的思想詳述於第二章。
〔註93〕有關兩人人性論的思想詳述於第三章。
〔註94〕有關兩人修養工夫論的思想詳述於第四章。

直接資料證明，但他曾閱讀過王廷相的《慎言》，並且對其評價甚高，指出「近世諸儒著述不動聲色，而真得受用者，無如王氏《慎言》」〔註95〕。至於羅欽順與吳廷翰的關係，他比吳廷翰年長二十餘歲，而他與吳廷翰是否認識，甚至吳廷翰是否閱讀過他的《困知記》，目前皆未見任何資料可以佐證。但是他們二人的思想觀點有許多一致之處，如：羅欽順曾於正德十五年（1520）有〈與王陽明書〉、嘉靖十三年（1534）有〈答歐陽少司成崇一〉，來對陽明心學進行尖銳的批判。而吳廷翰亦有〈上王陽明書〉，有與歐陽南野、余玉崖等往復論辯的書信，只是今皆不見留存的文字，無法確知內容。並且兩人於氣本論、心性論與修養工夫論上亦有許多相似之處，茲梳理如下：

在氣本論上，羅欽順主張「理氣為一物」、「理氣不容分」、「理只是氣之理」、「非別有一物，依於氣而立，附於氣以行也」等說法，吳廷翰也提出「理氣為一物」、「以氣為理」、「理即氣之條理」、「理也者，氣得其理之名」、「氣之凝聚、造作，即是理」等觀點。羅欽順認為張載有視太虛與天、氣化與道、虛與氣分為二物的可能，而且張載所說的太虛觀念，無形無象相當於無形之理，同陰陽氣化對立起來，未免有分理氣為二之病。他認為太虛就是天，氣化即道，虛即氣，這一提法會更嚴密。吳廷翰提出氣與神、虛與氣一貫的看法與羅欽順有相符之處。吳廷翰雖然在本體論上沒有明確地表達他對「理一分殊」的見解，但從他主張的「理氣一物」、「理為氣之條理」來看，他接受「萬物統體一太極」，反對「一物各有一太極」，所以他與朱子「理氣二分」下的論調不同，反而接近於羅欽順所闡釋的「理一分殊」之義，把「理一」解釋為一氣運動的總規律；「分殊」解釋為氣化所產生的具體事物的特殊規律，二者皆根源於一氣。〔註96〕

在心性論上，吳廷翰雖然提示「性之為『氣質』」、「凡言性也者，即是『氣質』」，以「氣質」一詞言性，但他的「氣質」一語，與羅欽順一樣，都沒有帶著朱子所謂的氣質那麼強烈的負面色彩。他指出佛教心性論的謬誤在於認心為性，而不知心生於性，心雖虛靈知覺，但非至靈至妙，亦有不好在，佛教的明心見性只是講明心，沒有講見性，且脫離了人倫這一性之大本，單言知覺虛靈之心是不妥的。這發揮了羅欽順評「釋氏之學，大抵有見於心，無見於性」說。又羅欽順認為「夫人之有欲，固出於天」，「蓋惟天生民有欲，順之則喜，逆之

〔註95〕（明）羅欽順，《整庵續稿・卷7・閱王氏家藏集偶書》。引文參見葛榮晉，《王廷相》，台北：東大圖書公司，1992，頁309。

〔註96〕有關兩人氣本論的思想詳述於第二章。

則怒，得之則樂，失之則哀。故《樂記》獨以「性之欲」爲言，欲未可謂之惡，其爲善爲惡，繫於有節與無節爾」。人欲出於自然，不能去欲滅欲，也不能放欲縱欲，吳廷翰在此對天理人欲的主張與他是一致。〔註97〕

在修養工夫論上，就認識的結果而言，吳廷翰認爲萬物皆備於我，原無內外彼此之別，心與物是合內外而相統一的。這與羅欽順以爲透過格物工夫而「通徹無間」，達到「物即我，我即物，渾然一致」的境界是相同的。吳廷翰對王陽明「致良知」的批評與羅欽順也十分接近。二人皆從其心性之辨與違背《大學》次第來批判王陽明，也批評王學與釋氏認心爲性。〔註98〕

經此分析得知，吳廷翰思想承自於羅欽順者亦不下於王廷相，這透露出羅、吳二人若非有思想的淵源關係，那麼羅欽順與吳廷翰所共持的見解應該可推知是當時學術思潮的趨向。探究吳廷翰的思想淵源，大抵普遍以爲其早年主要受其外祖父張綸啓迪，中年以後深受王廷相的思想影響，這是最無異議的部份，至於羅欽順的影響，則因缺乏直接佐證而無法確認，本文試以分析他們思想的共同點，發現羅欽順的部份不能置之不顧，故仍將其列爲吳廷翰的思想淵源之一。

第四節　思想背景與時代思潮

《明史・儒林傳》記載：「原夫明初諸儒，皆朱子門人支流餘裔，師承有自，矩矱秩然。曹端、胡居仁篤踐履，謹繩墨，守先儒之正傳，無敢改錯。學術之分，則自陳獻章、王守仁始。宗獻章者曰江門之學，孤行獨詣，其傳不遠。宗守仁者姚江之學，別立宗旨，顯與朱子背馳，門徒遍天下，流傳逾百年，其教大行，其弊滋甚。嘉靖而後，篤信程、朱，不遷異說者，無復幾人矣。要之，有明諸儒，衍伊、雒之緒言，探性命之奧旨，錙銖或爽，遂啓岐趨，襲謬承訛，指歸彌遠。至專門經訓授受源流，則二百七十餘年，未聞以此名家者。經學非漢、唐之精專，性理襲宋、元之糟粕，論者謂科舉盛而儒術微殆其然乎」〔註99〕。此處大略指出明代理學之發展，明初是朱學獨尊的局面，而後王學盛行，但在王學風靡的同時，流弊隨之出現而使其趨向衰敗。

〔註97〕有關兩人心性論的思想詳述於第三章。
〔註98〕有關兩人修養工夫論的思想詳述於第四章。
〔註99〕（清）張廷玉等撰，《明史・卷 282・儒林一》，北京：中華書局，1974，頁7222。

理學經過元朝至明初，由於兩朝政府皆明定以程朱思想爲正統，並據以爲科舉考試的定本，因此朱學一家獨盛，從明朝開國至弘治、正德以前，程朱理學爲官學，學者大致維護朱學的規模，少有逾越。明世宗嘉靖年間，甚至還強調「非毀朱子者」爲「奸僞之徒」，任何有背朱子之學的學說均被朝廷視爲異端。然而朱學雖然佔有獨尊的地位，卻容易因爲後學不斷的研究而將其學說內在不足的部份突顯出來；加上朱學在傳承流變中產生種種浮誇和功利的弊病：士人多死讀書卻不明理，或競以誇耀詞章記誦、章句訓詁、註疏考察之多，甚者以爲求取功名之階，導致朱學道德淪喪、浮誇不實、日益僵化。王廷相批評說：「大抵近世學者，無精思體驗之自得，一切務以詭隨爲事。其視先儒之言，皆萬世不刊之定論，不惟遵守之篤，且隨聲附和，改換面目，以爲見道；致使編籍繁衍，浸淫於異端之學而不自知，反而證之於《六經》仲尼之道，日相背馳，豈不大可哀邪」〔註100〕。這裡所指的「先儒」就是朱子，他認爲當時學者缺乏個人自得的「精思體驗」，只死守記誦、隨聲附和朱學的現成結論，致使背棄孔門儒學而改換面目陷入異端，這正揭露了當時朱學的流弊。

因爲朱學日漸地遭到腐化與扭曲，於是引起有志儒者的批評，以爲誦習、考察、註解皆不足以明道成德，如薛瑄曾慨嘆而言：「自朱子沒，士子誦習其說者，率多以爲出身干祿之階梯，而不知反己以求其實」〔註101〕。故有儒者不再勤於著述朱學之義理，轉而務於躬行，提出「操存踐履」之篤實學風，期能透過此篤實之學風，躬行實踐以內求自我的道德修養。就在這股篤實學風下，其內求自我的修養主張，便逐漸走向對本心的涵養。換言之，明初諸儒雖皆嚴守程朱理學，但由於專注心性之體驗及篤實踐履之方式下，已經無形中強調本心之操持涵養，而間接助長了心學之興起。再加上明中期後，部份儒者如胡居仁、王陽明等，除了反對朱學高度發展後所造成本身思想之停滯僵化外，更由於無法由朱子格物窮理之論中，求得吾心之理與物之性理有湊泊合處，於是另闢蹊徑闡述格物致知之旨，高舉吾心之良知，主張「心即理」。嘉靖、隆慶之後，王陽明心學不僅正式取代朱學而爲明中期思想主流，而且形成一股強大的政治勢力。〔註102〕

〔註100〕（明）王廷相，《王氏家藏集・卷27・答許廷綸》，頁487～488。
〔註101〕（明）薛瑄，《讀書錄・卷8》，景印文淵閣四庫全書711冊，台北：台灣商務印書館，1983，頁667。
〔註102〕此段有關明初、中期的理學演變，參見陳正宜，《羅欽順理學思想之研究》，頁37。

　　不過，明代中期雖以心學為時代思潮之主流，但並不意味著陽明心學佔領了明代整個學術界。宋代以來受到程朱理學壓抑、歪曲的氣學思維，隨著程朱理學的衰敗，和心學的分化，在明代中期也開始復興起來了。明初至明代中期有些程朱學者檢討修正程朱學說，提出不同的意見：薛瑄（1389～1464）主張未有天地之前，構成天地的氣已經存在，「遍滿天下皆氣之充塞，而理寓其中」、「天地間只一氣」、「氣則未嘗有息」、「理只在氣中，決不可分先後，如太極動而生陽，動前便是靜，靜便是氣，豈可說理先氣後也」〔註103〕；曹端（1376～1434）在理氣觀上，批評朱熹以「人之乘馬，馬之一出一入，而人亦與之一出一入」比喻理之乘氣，是「死人乘馬」，其理是「死理」，進而提出「活人乘馬」以喻理之乘氣，則「其出入行止疾徐，亦由乎人馭之」，故理為「活理」，對氣具有主導、能動的作用〔註104〕。由明初的檢視、懷疑，明代中期開始明確地對朱熹的理氣觀提出檢討、修正，如蔡清（1453～1508）他認為「盈天地間一氣機之屈伸往來而不已焉，此即理之所在也」〔註105〕，以理為氣運動變化的規律，又提出：「萬物之生成，只是一元之氣而已」、「總是體統一元之氣流行貫通而無間然者也」。〔註106〕後來又有崔銑（1478～1541）、韓邦奇（1479～1555）、楊慎（1488～1559）等人〔註107〕，他們繼承「有理而後有氣」、「氣乃理之所為」、「氣有聚散，理無聚散」等主張，到標舉「氣」為天地萬物之本，氣為恆有、理氣一物，然後再發展出「理只是氣之理」、太極亦是就元氣之無限性而言，整個學風是朝向「重氣」、「理氣一物」的方向發展。

　　在這股學風改變的思潮中，羅欽順、王廷相是明代中期復興氣學的重要思想家，吳廷翰承繼他們的「以氣為本」、「理氣為一」以及「以氣論性」的主張，他提出「氣為天地萬物之祖」、「性即是氣」、「氣即是性」，批評程朱將

〔註103〕（明）薛瑄，《讀書錄・卷1》，頁544；《讀書錄・卷3》，頁713、711；《讀書錄・卷4》，頁607。
〔註104〕（清）黃宗羲，《明儒學案・卷44・諸儒學案上二》，北京：中華書局，1985，頁467。
〔註105〕（明）蔡清，《四書蒙引・卷3》，景印文淵閣四庫全書206冊，台北：台灣商務印書館，1983，頁100。
〔註106〕（明）蔡清，《易經蒙引・卷1上》，景印文淵閣四庫全書29冊，台北：台灣商務印書館，1983，頁24、《易經蒙引・卷1下》，頁67。
〔註107〕他們的主張前人論述頗詳，在此不再縷述，參見李書增等著，《中國明代哲學》，頁796～813、996～1023。

理（性）、氣「分明把作二物」、「近乎異說」。李澤厚曾對此「氣學派」予以評價說：

> 與王陽明同時的羅欽順、稍後的王廷相以及更後的方以智、王夫之、顧炎武甚至陸世儀、李二曲等人，他們儘管或眞心崇奉程朱，或正面批判陸王，在思想解放趨向近代的啓蒙方面，遠不及王學各派，但他們又都以另一種方式，即由「理」向「氣」的回歸，走向客觀的物質世界。他們大都或主張、或傾向於氣一元論，或明白或不自覺地再次提出張載作爲榜樣。羅欽順是主氣的，王廷相也如此，王夫之更明確地追溯到「張橫渠之正學」，方以智也是主氣主火的著名的自然哲學家……。他們實際上與程朱的方向已經拉開了距離，他們開始眞正重視對外界客觀事物的規律法則的探討研究，而不只是爲建立倫理主體服務。認識論開始再度成爲認識論，不再只是倫理學的僕從、附庸或工具。因之，他們在理論構造的豐富性、嚴謹性、科學性等方面，又超過了王學各派。〔註108〕

可見就在程朱學者與王學的分化的過程中，羅欽順、王廷相（應可包含吳廷翰等人）的「氣學派」他們重視客觀事物的規律法則，其理論的豐富性、嚴謹性與科學性是不能忽視的。這股重氣的學術思潮延續至明朝末期以後。嘉靖、隆慶之間的高拱（1512～1578）提出：「人只是一個性。此言氣質之性，又有何者非氣質之性乎」、「形色，氣之爲也，而天性即此焉。……人生則形色完而天性具，氣與理俱存也；死則形色毀而天性滅，氣與理俱息也。是氣即是理，理即是氣，不得以相離也」、「盈天地間，只有此氣，則吾之氣，即天地萬物之氣也；吾之性，即天地之命，萬物之性也」〔註109〕；南中王門的唐鶴徵（1538～1619）也提出「性不過是此氣之極有條理處，舍氣之外，安得有性」〔註110〕；北方王門的楊東明（1548～1624）亦指出「氣質者義理之體段，義理者氣質之性情，舉一而二者自備，不必兼舉也」、「性爲氣質所成，而氣質外無性」〔註111〕，他們都屬於這股重氣學風的後繼者。晚明時期有些

〔註108〕 李澤厚，《中國古代思想史論·宋明理學片論》，台北：三民書局，1996，頁264～265。

〔註109〕 （明）高拱，《高拱論著四種·問辨錄·論語》，北京：中華書局，1993，頁190、《高拱論著四種·問辨錄·孟子》，頁219。

〔註110〕 （清）黃宗羲，《明儒學案·卷26·南中王門學案二》，頁606、609。

〔註111〕 （清）黃宗羲，《明儒學案·卷29·北方王門學案》，頁651、652。

王學的學者面對社會、政治的危機，見以「明心見性」爲特徵的王學無力扶危濟傾，反而日漸空疏更加劇社會危機，於是紛紛由王學中分化出來，由「心學」向「氣學」轉化，這轉化的過程開啓於蔣信、王道〔註112〕等，中經呂坤、唐鶴徵、楊東明等，而完成於劉宗周、黃宗羲、王夫之、戴震等人。對於這段思潮的發展，論者以爲他們在「元氣實體論、心性合一論、理欲統一論以及實功論等思想的指導下，開創了一個面向社會實踐、注重功利、強調經世的新學風，把明清實學思潮逐步推向高潮，成爲明清實學思潮的堅實的理論基礎」。〔註113〕

大抵氣學思想的產生，可說是明代中期社會政治危機和朱學衰頹的產物，同時也是朱學自身矛盾發展的結果。〔註114〕此外，從日本學者岡田武彥對於陽明歿後王學的分化、流弊與批判思潮的考察，可以得知吳廷翰思想是在面對程朱理學與陸王心學的流弊之下的產物。岡田武彥認爲：陽明歿後王學分爲良知現成派（左派）、良知歸寂派（右派）和良知修正派（正統）。其中現成派思想因順應王學發展方向並適合時代潮流，因而得到廣泛流行，以至於風靡明末社會。他們主張當下現成，尊奉心之自然，無視工夫，知解任情，終而導致蔑視道德，淆亂綱紀。現成派這樣的思想不僅存在於儒學，而且流行於禪學，因而兩者合爲一體而越發猖狂。看到心學流弊的明末儒者如

〔註112〕王道，字純甫，號順渠，正德辛未進士，初學於陽明，從事心體，後因眾說之淆亂，遂疑而不信，又從學湛甘泉，但其學亦非師門之旨。其說：「盈天地間，本一氣而已矣。方其混淪而未判也，名之曰太極。迨夫醞釀既久，升降始分，動而發用者，謂之陽；靜而收斂者，謂之陰。流行往來而不已，即謂之道。因道之脈絡分而不紊也，則謂之理。數者名雖不同本一氣而已矣。」（《明儒學案・卷42・甘泉學案六》，頁1038～1043。）根據吳廷翰之子吳國寅〈先考參議府君墓志〉記載，吳廷翰曾與王順渠往復論辨，而以上王順渠之見與吳廷翰的氣本論相近：「氣之渾淪，爲天地萬物之祖，至尊而無上，至極而無以加，則謂之太極。及其分也，輕清者敷施而發散，重濁者翕聚而凝結，故謂之陰陽。陰陽既分，兩儀、四象、五行、四時、萬化、萬事皆由此出，故謂之道。」（《吉齋漫錄・卷上》，頁5。）「氣之爲理，殊無可疑。蓋一氣之始，混沌而已。無氣之名，又安有理之名乎？及其分爲兩儀，爲四象，爲五行、四時、人物、男女、古今，以至於萬變萬化，秩然井然，各有條理，所謂脈絡分明是已。此氣之所以又名爲理也。」（《吉齋漫錄・卷上》，頁6～7。）其思想的改變不知是否與吳廷翰有關？或者他們這些共持的見解是當時學術思潮的趨向使然？

〔註113〕詳見於萬榮晉，〈晚明王學的分化與氣學的發展〉，收於宗志罡主編，《明代思想與中國文化》，安徽：人民出版社，1994，頁115～131。

〔註114〕參見李書增等著，《中國明代哲學》，頁49～50。

陳清瀾〔註115〕之流，對此曾作過尖銳的批判。他恪守朱子之性學，而把心學歸於異端之禪，並且從民族主義的立場痛加排斥。在這些批判者中，也有不但對陸王學，而且對朱子學也作了批判的，吳蘇原、郝楚望〔註116〕等就是這樣。他們提倡以氣為中心的理氣、性氣一元論。從這一立場出發，他們認為，宋之宗性之學與明之宗心之學，歸根到底都陷入佛老的空寂。總之，程朱性學是以事理之切要教導吾人，陸王心學是以心之切要教導吾人。與此相反，吳蘇原、郝楚望的氣說則是以實踐之切要教導吾人，這種思想在日本的古學派中得到傳播，發揮了作用。〔註117〕

從以上的言論中，我們看到吳廷翰思想的產生背景，除了反程朱理學的思潮外，又有見於心學的流弊，其思想亦是對當時似王學末流之氛圍的反抗。他以理氣、性氣一元論來批判程朱理學，以實踐之切要駁斥心學與禪學。他和羅欽順處於朱學與王學對峙的時代，他們皆提出以本體實有之「氣」解決心學流於空虛之弊，並以氣為萬物之本源，「理氣是一」之論修正朱學理氣二分之說。以王學乃「有見於心，無見於性」是為禪學，而且直言批評陽明心學。反對陽明良知說之空疏所可能產生之流弊，於是主張心性是二之說，以良知為認知義而非本體義，其目的即在避免心學所產生「猖狂妄行」之弊病。儘管羅欽順、王廷相和吳廷翰對理學有所批判和修正，但不能把他們歸於反理學一派，他們的氣本論派的特點是以氣為宇宙本原，強調理作為氣的聚散變化的條理，但在「窮理盡性」和「盡心知性」等方面仍體現了理學的共同特點和學術宗旨，並且皆以「格物致知」為方法。他們只是反對以理或心為宇宙本體，而不反義理，所以不能稱為反理學學派，他們仍應屬於宋明理學

〔註115〕陳清瀾（1497～1567），名建，字廷肇，號清瀾，廣東東莞人，曾任知縣等小官，他所著《學蔀通辨》也是力攻王陽明「心學」的書。他強調朱子學的特色而對陸王與佛老加以批判。除從考證朱熹著作的年代，指摘《朱子晚年定論》編排的錯誤武斷外，他的論據也是認為「孔孟皆以義理言心」，而禪學、陸王則「以精神知覺言心」，拋棄了以「仁義禮智、德性、義理」為本的「道心」或「性」。凡此都和羅欽順的論旨基本相同。

〔註116〕郝楚望（1558～1639），名敬，字仲輿，楚之京山人，萬曆己丑進士。（詳見《明儒學案・卷55・諸儒學案下三》，頁1314～1329。）他認為：「理若不通於事，則儒教不敦」，批評朱子以《大學》的誠正為學，陽明以致良知為要，都是宗本心法而單舉誠正或致良知的，所以是上達即下學之道而陷入了佛老。有關其思想介紹可參考岡田武彥，《王陽明與明末儒學・第八章批判派與復古派》，頁336～355。

〔註117〕參見岡田武彥，《王陽明與明末儒學》，頁11～12。

的範疇中。〔註118〕而且吳廷翰雖然主張氣一元論而反對宋儒分言理氣、性氣之說，如果將這理解爲立足於追求盡性窮理之實，以期性之眞切，那就更不能說他是違背理學的精神了。〔註119〕

〔註118〕參見蔡方鹿，〈氣與宋明理學〉，《重慶師院學報：哲社版》，1991 年第 1 期，頁 17。

〔註119〕此爲（日）岡田武彥見解，參見《王陽明與明末儒學》，頁 335。

第二章　氣本論

　　儒家的宇宙觀中，以《易傳》所述最受宋明儒注意。《易經·繫辭傳》明言：「一陰一陽之謂道」，而程頤、朱子卻說：「所以一陰一陽之謂道」，添字解經地形成一套新的理路。吳廷翰治學則本著「惟取其不疑乎心，不戾乎聖人者，而以爲是」〔註1〕的精神，極力要回歸於原始儒學；其氣本論沿襲羅欽順與王廷相而來，對前此宋明儒的理氣思想多所批判，他說：

> 夫論道之書，以《易》爲宗，而言以孔子爲準，反而求之以吾心自信者爲實。今論道不本諸《易》，而求言未合乎孔子，反覆之不得了吾心，則雖先儒爲說，亦且自以爲未安，而又安可聽憑一切以爲然乎？……若其不立己見，只據聖人之言，以陰陽爲道，則太極、性命、理氣等名義，皆可一貫而無疑矣。（《吉齋漫錄·卷上》，頁6。）

在此他所指的先儒是以程頤、朱子爲主，他表明了自己治學的態度，是在以孔子《易經·繫辭傳》爲本之下，又自己反覆探求，不規倣摹擬，也不自是穿鑿，〔註2〕對當時的程朱官學提出批判，進而建構出他自己「以陰陽爲道」的氣本思想體系。

　　張載從「太虛無形，氣之本體」、「太虛即氣」〔註3〕出發，以爲無形的太虛是氣的本然狀態，氣是宇宙萬物及其運動變化的根源；此理路與程朱之「理本」、陸王之「心本」迥然相異，他是明清氣本論的先驅者。到了明代中葉，羅欽順主張「理只是氣之理」〔註4〕、「非別有一物，依於氣而立，附於氣以

〔註1〕　（明）吳廷翰，《吉齋漫錄·卷上·自序》，頁5。
〔註2〕　（明）吳廷翰，《吉齋漫錄·卷上·自序》，頁5。
〔註3〕　（宋）張載，《張載集·正蒙·太和》，台北：里仁書局影印標點本，1981，頁7、8。
〔註4〕　（明）羅欽順，《困知記·續卷上·38》，頁68。

行也」〔註5〕這便走向了氣本論的立場。〔註6〕而王廷相主張「氣者造化之本」、「氣也者，道之體也」〔註7〕，比羅欽順展現了更鮮明的氣本論色彩。〔註8〕

繼王廷相之後，吳廷翰提出了「氣爲天地萬物之祖」的思想，加入了反對程朱的思潮中，他批駁程朱的「理先氣後」、「理本氣末」是「近乎異説」，提出「理即氣之條理」、「理氣爲一物」。他認爲太極、道、陰陽、虛實、聚散是氣之異名，氣是宇宙萬物和人的思想精神統一的本體，也是人生、人性、道德之原：「其曰天、曰道、曰性、曰心，皆此一物，隨處異名，不容分別」〔註9〕，天地、陰陽、仁義、性命等一切皆爲一氣所生。他並且以氣爲本，來闡發氣與道、陰陽、太虛、太極、理、心、性等哲學範疇之關係。他批評程頤、朱子「若其不立己見，只據聖人之言，以陰陽爲道，則太極、性命、理氣等名義，皆可一貫而無疑矣」〔註10〕。認爲理與氣、陰陽與氣、太極與氣、虛與氣、道與氣、性與氣等都是不可分割的，歸結起來都是氣。理則爲氣之理，並非最高之本體。他以氣爲本的思想立場是無可置疑的。

他融合了《易傳》與周敦頤的《太極圖說》作爲自己理論的依據，其以氣爲本的思想鮮明，「氣爲天地萬物之祖」是說明氣不僅是宇宙的本原，氣也是宇宙萬物的本體。以下先就宇宙生成論探究氣的本原性，然後一一梳理太極與氣、陰陽與氣、理與氣、道與氣的關係，來闡明氣的本體地位。

第一節　氣爲天地萬物之祖

吳廷翰主張氣爲天地萬物之祖，這「實際上否認了氣之上有理或有心之類精神實體的存在」〔註11〕。天地之初只是一氣而已，太極是就氣之極至而言，陰陽是指氣之動靜，道是氣化生天地萬物而言，理是氣之條理。他批判

〔註5〕　（明）羅欽順，《困知記・卷上・11》，頁5。
〔註6〕　關於羅欽順的理氣論的定位有分歧之處，晚近學界將其定位爲氣本論者有葛榮晉（見《中國實學思想史：中冊》，北京：首都師範大學出版社，1994，頁19。）、劉又銘先生（見《理在氣中：羅欽順、王廷相、顧炎武、戴震氣本論研究》，台北：五南圖書出版公司，2000二版，頁22。）
〔註7〕　（明）王廷相，《王廷相集・慎言》，北京：中華書局，1989點校本，頁755、809。
〔註8〕　詳見劉又銘先生，《理在氣中》，頁57。
〔註9〕　（明）吳廷翰，《吉齋漫錄・卷上》，頁19。
〔註10〕　（明）吳廷翰，《吉齋漫錄・卷上》，頁6。
〔註11〕　袁爾鉅，《吳廷翰哲學思想》，頁37。

的重點是程朱的理本論，針對程朱以「理」（或「道」）爲世界本原、本體提出的論斷，他將太極、陰陽、道、理統一於一氣，虛與氣爲一，氣與神一貫，不僅將氣視爲宇宙生成的根源，氣化以氣本爲基礎，其氣論亦具有在本體上的最高地位。本節先論述其氣的本原性與本體性，以及氣與太極、陰陽的關係，至於理與氣、道與氣的關係則分別於第二、三節詳加辨析。

一、天地之初，一氣而已

（一）氣在天地間，謂之元氣

　　吳廷翰以渾淪之氣爲天地萬物之祖，而此渾淪之氣從何而來呢？他則認爲「氣沒有產生者，它是本來就存在的」〔註12〕。「蓋上天之事，只是氣。理即氣之條理，用即氣之妙用」、「古今言天者皆以爲積氣，此乃至理」〔註13〕，這描繪天地之初，盈天地者只有一氣，是自然而具有的。天爲積氣而成，因此，天非有意志之天，氣亦非上天所給予的，氣是自然而有的，本來就存在的。所以氣「它自己就是起始者」〔註14〕。此亦即是肯認氣爲世界之本原，沒有任何在它之先之上者。而天地人物即各稟受此氣而化生，亦即皆因氣化流行而生。

　　上古時代的宗教思想，以爲天是有意志的，是世界的最高主宰。孔子所謂天，仍有最高主宰的意義。孟子繼承孔子思想，亦認爲天是世界的主宰，他說：「盡其心者知其性也，知其性則知天矣。」性在於心，而原於天，心、性與天是一貫的。〔註15〕《孟子》、《中庸》都肯定心性本體中蘊含至善，而這至善的來源是「天」。張載言：「由太虛，有天之名；由氣化，有道之名；合虛與氣，有性之名；合性與知覺，有心之名」〔註16〕，這裡所說的「天」、「道」、「性」、「心」，都與「氣」分不開。程顥說：「天者，理也」〔註17〕，則將「天」視爲宇宙的普遍法則，是最高的實體，而不是人格神的上帝。如此一來，「理」就是最高的本體，是萬物的根源，它支配著宇宙、社會、人生，

〔註12〕袁爾鉅，《吳廷翰哲學思想》，頁38。

〔註13〕（明）吳廷翰，《吉齋漫錄・卷上》，頁8、《檟記・卷下》，頁178。

〔註14〕參見袁爾鉅，《吳廷翰哲學思想》，頁39。

〔註15〕參見張岱年，《中國古典哲學概念範疇要論》，北京：中國社會科學出版社，1989，頁20～21。

〔註16〕（宋）張載，《張載集・正蒙・太和》，台北：里仁書局影印標點本，1981，頁9。

〔註17〕（宋）程顥、程頤，《二程集・河南程氏遺書・卷11》，台北：里仁書局影印標點本，1982，頁132。

並決定人與事物的本性。朱子更言：「天之所以爲天者，理而已」，若無此理，天就不能爲天。吳廷翰跟程朱上述理路相反，而接近於張載氣學的理路，他將天理、天道以陰陽一氣概括，他說：

> 天理，即天之道。天道，即元亨利貞，即陰陽。陰陽，即一氣。一氣，即所謂「於穆不已」者。「於穆不已，天之所以爲天也。」天之所以爲天者在此，非天理乎？（《吉齋漫錄・卷上》，頁 17。）

以爲「天之所以爲天」正因於氣「於穆不已」的流衍化生，亦即指天的存在是氣的作用使然，這也就是「天理」的意義。在此，「天」只是積氣而成的實體；而「理」已不再是主宰者，亦不再具有本體的意義和地位，「氣」才是眞正的本體。

此外，他所謂的氣除指陰陽之氣外，還包含人的精神境界—浩然之氣，他稱許程顥說：

> 明道先生曰：「上天之載，無聲無臭，其體則謂之易，其理則謂之道，其用則謂之神，其命於人則謂之性。率性則謂之道，修道則謂之教。孟子於中又發揮出浩然之氣，可爲盡矣。」此等語極精。蓋上天之事，只是氣。理即氣之條理，用即氣之妙用。命於人即氣爲之命。至於浩然之氣，則直指而言，亦非有出於無聲無臭之外也。故曰：「至大至剛，以直養而無害，則塞於天地之間。」（《吉齋漫錄・卷上》，頁 7～8。）

他對明道的肯定是將「上天之載，無聲無臭」視爲氣，以「氣」來說天道之體、理、用、命，這體認與明道以「天理」說天道、以理爲本之意是不同的。而且他認爲「浩然之氣，則直指而言，亦非有出於無聲無臭之外也」，則是將浩然之氣包含於無聲無臭之氣中。因此，他所謂的氣除指天地陰陽之氣外，還包含有人的精神境界，並非只是物質性的存在。所以不可將氣純粹地與物質等同，簡單地將吳廷翰的氣論與唯物論類比化。

再者，他認爲氣的作用靈變莫測，這是「自然良能」的表現，故又將氣稱爲「元氣」。他說：

> 氣在天地間，謂之元氣，以其生生不息，靈變莫測也。靈變莫測，故爲溫涼，爲寒暑，莫或使之，莫或撓之，乃其自然良能。（《櫝記・卷下》，頁 168。）

意謂從氣的生生不息、靈變莫測的作用而言，氣又稱爲「元氣」。「元氣」之所以能絪縕運動，不斷地產生天地紛繁多樣的人物，形成千變萬化的現象，

就是由於他內在地具有陰陽、虛實、聚散變化的必然性。〔註18〕所以，氣爲
溫涼、寒暑是「自然良能」，此「自然良能」亦即氣是本來就自然存在的，而
且氣的作用能力就在氣本身，並沒有另一在氣之上的來源和根據，故可以「元
氣」稱之，這也意謂著氣就是天地萬物的本原。再者，氣也是天道之體、理、
用、命，是天地萬物終極的本體。王廷相從他自己的「元氣」論出發，以元
氣之上「無物、無道、無理」，批判了天有意志說，並且進而否定鬼神的存在，
駁斥神不滅論，吳廷翰也都沿襲了他這方面的思想內容。

（二）氣化生萬物

　　吳廷翰承繼張載的氣論，以爲宇宙萬物的本原是氣，天地之初只有渾淪
之氣，氣是原本存在，而氣之運動變化然後產生天地萬物，故氣爲宇宙萬物
的初始。他將太極、陰陽、道統一於「氣」上說：

> 天地之初，一氣而已矣，非有所謂道者別爲一物，以並出乎其間也。
> 氣之渾淪，爲天地萬物之祖，至尊而無上，至極而無以加，則謂之
> 太極。及其分也，輕清者敷施而發散，重濁者翕聚而凝結，故謂之
> 陰陽。陰陽既分，兩儀、四象、五行、四時、萬化、萬事皆由此出，
> 故謂之道。（《吉齋漫錄・卷上》，頁5。）

明示「天地之初，一氣而已矣」、「氣之渾淪，爲天地萬物之祖」，否定於氣之
上別有一物，亦即肯認氣爲世界之本原，沒有任何在它之先之上者。因此氣
至尊無上，至極無以復加，故可以「太極」稱之。將太極解釋爲氣，此與朱
熹把太極說成理是對立的。吳廷翰認爲，氣分陰陽，而有兩儀、四象、五行、
四時，萬化、萬事之產生皆由氣化生而來，此觀點適足以見其以氣爲宇宙之
本體與根源之思想。

　　吳廷翰以氣爲天地萬物之祖，萬物萬事皆由氣化生而來。對於氣化生萬
物的過程，他詳加描述如下：

> 蓋太極始生陰陽，陽輕清而上浮爲天，陰重濁而下凝爲地，是爲兩
> 儀，蓋一氣之所分也。陰陽既分爲天地，天地又各自爲陰陽，所以
> 謂「立天之道，曰陰與陽；立地之道，曰柔與剛」。天以陽爲主，天
> 之陽合地之陰，曰少陽；合地之陽，曰太陽；地以陰爲主，地之陰
> 從天之陽，曰少陰；從天之陰，曰太陰：是謂四象，蓋二氣之所分
> 也。四者流布，進退消長，溫涼寒暑，以漸而變，是爲四時。其類

〔註18〕參見張立文主編，《中國哲學範疇精粹叢書──氣》，頁195。

則少陽爲春，太陽爲夏，少陰爲秋，太陰爲冬，乃其自然之序。四
者變合交感，凝聚極盛，乃成其類，則少陽爲木，太陽爲火，少陰
爲金，太陰爲水，乃其自然之化。則此四物，是亦四象之所爲，而
與人物並生，同化於天地者。（《吉齋漫錄・卷上》，頁 9。）

天地之初只有太極一氣，氣分陰陽，而生天地兩儀，天地又各稟受有陰陽二
氣，天地之陰陽各自相合而有四象：少陽、太陽、少陰、太陰，四象流變爲
四時，四象交感凝聚爲四物：木、火、金、水，此四物與人物並生。這是天
地萬物化生的過程，而氣就是宇宙萬物的本原。天地萬物形成之後，其運動
變化仍受氣的陰陽變化規律支配，寒暑交替、雷霆風雨都是氣化流行的結果
〔註19〕。他認爲「聖人兩儀四象之說，爲得造化至理，不必附以五行而後足
也」〔註20〕，四象的變合交感所形成的是四物，卻非五行，而且四物是與人
物同生，並非生在人物之先，因此也不能生人物，這也就是他反對五行化生
萬物、相生相剋、天一生水之說的根據。

　　從他對天地萬物的化生過程的描述，可知他是依據《繫辭上》：「易有太
極，是生兩儀，兩儀生四象」而來，《繫辭》本文中並無五行的觀念，因此在
「不戾乎聖人」的尊經的想法之下，他未採周敦頤《太極圖說》中無極而太
極，太極而陰陽五行而萬物化生的觀念次序。這裡他將太極視爲「氣」，而非
程朱的「理」。對於「兩儀」，歷來注釋者認爲是陰陽或天地。吳廷翰以太極
指「氣之極至」，陰陽指「氣之有動靜」，陰陽既分而有兩儀，這兩儀指的就
是天地，非指未成形質之陰陽。況且如果吳廷翰以兩儀爲陰陽，那麼太極與
陰陽的關係便是一先一後、判然二分的關係，這與他將陰陽視爲即是氣、即
是道的觀點不相符。

　　他雖然沿襲王廷相「元氣之上無物」的思想，提出「氣在天地之間，謂
之元氣」，在宇宙論上，王廷相曾譴責陰陽五行是邪說異端，不切民用，吳廷
翰針對這點評論說：「其說甚正，無人發明於此」，並稱讚王廷相「不取『天
一生水』」之說，極是」。又指出王廷相對「五行配四時」的觀點的批評「亦
有獨見」。但是他和王廷相對於天地萬物演進的過程，二人見解並非完全一

〔註19〕 「蓋一氣之流行消長，則溫涼寒暑而有分別，而爲春、爲夏、爲秋、爲冬。
　　　　非謂春秋能爲溫涼，冬夏能爲寒暑，特由氣之流行而因以名時耳。」（《櫝記・
　　　　卷下・五行所主之非》，頁 182。）「雷霆風雨，皆氣化所爲。」（《櫝記・卷下・
　　　　寒暑由日進退》，頁 167。）
〔註20〕 （明）吳廷翰，《吉齋漫錄・卷上》，頁 9。

致。王廷相言：

> 天者，太虛氣化之先物也，地不得而並焉。天體成，則氣化屬之天
> 矣；譬人化生之後，形自相禪也。是故太虛眞陽之氣感於太虛眞陰
> 之氣，一化而爲日星雷電，一化而爲月雲雨露，則水火之種具矣。
> 有水火，則蒸結而土生焉。日滷之成鹻，煉水之成膏，可類測矣。
> 土則地之道也，故地可以配天，不得以對天，謂天之生之也。有土，
> 則物之生益眾，而地之化益大。金木者，水火土之所出，化之最末
> 者也。(《慎言·卷1·道體》，頁 752。)

王廷相認爲眞陽之氣化爲日星雷電而成火，眞陰之氣化爲月雲雨露而成水，
水火蒸結爲上，土再生出金木、人物，天又先於地而生。吳廷翰則以爲陰陽
五行都是由元氣分化而來，就氣化產生五行的次序應該是：火、水、木、金，
而土是與天同時氣化而來的，是用來造化四物，不是四物之類，五行只有四
行而已。他認爲五行中的土（地）是與天同時氣化而來的，有了天地之後，
再產生水火金木，因此土非四物之類，土不可兼四行，他反對五行相生相剋，
「要知此等議論，乃後世星卜、地理家竊取其近似者，以售其術。」而天地
初生，火騰而上爲天，水滲而下爲地，水火雖然同出，但天先地後，故火先
於水。所以他不贊成天一生水、地二生火之說，並以爲此是「出於緯書，不
足憑據。若近世儒者已知其說之非。」〔註21〕

（三）太虛無物，即是氣；氣之不測，即是神

　　張載認爲宇宙萬物是由「氣」構成的，世界的一切存在，一切現象都是
「氣」，而不是佛教的「空」、道家的「無」。他提出「太虛即氣」來建構其宇
宙觀，本來以清虛解釋氣之本性，已含有陰陽二氣未分之意，但由於張載強
調太虛的本性爲清，進而又導出一個論點說：「散殊而可象爲氣，清通而不可
象爲神」，此是以陰陽二氣爲可象之物，以太虛爲無象之神，又將太虛與陰陽
二氣對立起來，認爲太虛比陰陽更爲根本。如此，虛與氣二分。再者他說：「神
者，太虛妙應之目。凡天地法象，皆神化之糟粕爾」〔註22〕，此是太虛之神
爲精華，以天地萬物爲其所化之糟粕。又將太虛同天地萬物對立起來，走向
貴虛賤形的道路。〔註23〕使得虛與氣、氣與神的關係上有與「太虛即氣」相

〔註21〕尚有「天一生水等說，猶難爲據」、「至於相生相剋之說，多有未究」等語，
　　　　詳見（明）吳廷翰，《吉齋漫錄·卷上》，頁 10、11、20。
〔註22〕（宋），張載，《張載集·正蒙·太和》，頁 7、9。
〔註23〕參見朱伯崑，《易學哲學史修訂本》（第二卷），台北：藍燈文化公司，1991，

牴牾矛盾之處，因此有論者評論他的宇宙觀具有兩重性。〔註 24〕儘管張載當時說太虛之際已遭受時儒的批評〔註 25〕，但其用心是值得肯定的。吳廷翰對於張載之說的用心與矛盾就評論說：「蓋其論道之旨固已獨異諸儒，顧其言之未精，亦自有不能免者」〔註 26〕，表達他對張載的理解與同情，而在氣為天地萬物之祖的氣本論下，他針對張載「太虛即氣」宇宙論中的兩重性，提出「太虛無物，即是氣；氣之不測，即是神」，認為虛氣為一、氣神一貫，太虛與神並非高於氣之上，虛與氣不可二分，氣是無物的太虛的本來狀態，神只是指氣之靈妙作用而已。如此，更顯示他「天地之初，一氣而已」的思想特點，強化「氣」在其思想體系中的本體性。

1. 虛、氣為一

張載主張：「氣之為物，散入無形，適得吾體；聚為有象，不失吾常。太虛不能無氣，氣不能不聚而為萬物，萬物不能不散而為太虛」，太虛與萬物是氣的不同存在的狀態，其主張之「氣」與「太虛」原不可分，但他說：「由太虛有天之名，由氣化有道之名，合虛與氣有性之名，合性與知覺有心之名」〔註 27〕。其中「合虛與氣」一語便有二分之嫌，致使朱子解此段，以

頁 350～352。

〔註 24〕 參見張立文，《宋明理學邏輯結構的演化》，台北：萬卷樓圖書公司，1993，頁 215～216。另外，朱建民也指出說：「張載之說『虛』一方面乃要對治佛老的『空』與『無』，另一方面則是要表示氣與神之不離、不二。說太虛是氣，固然偏於一邊，而說太虛是理是神，亦偏於一邊。張載的表達方式易使人偏於一邊，尤其容易使人僅由氣說太虛，但他之立『太虛』之名，即取其『虛而善應』、『無所不感』之義，即在指出氣本具之神體。」（《張載思想研究》，台北：文津出版社，1989，頁 65～66。）

〔註 25〕 張載氣論的這一內容，被二程稱之為「清虛一大」說。程氏評論說：「立清虛一大為萬物源，恐未安，須兼清濁虛實乃可言神。道體物不遺，不應有方所。」（《二程集·河南程氏遺書·卷 2 上》，頁 21。）此是說，既然以以太虛之氣為萬物之本源，此氣應兼有清濁兩方面，不能只是清，否則即是有方所，局限於一方，不足為世界的本源。又程顥評論說：「氣外無神，神外無氣。或者謂清者神，則濁者非神乎？」（《二程集·河南程氏遺書·卷 11》，頁 121。）此是說，神和氣是統一的，有人（指張載）卻將氣和神分開，其結果就是只承認清者為神。又朱熹評論說：「渠初云清虛一大，為伊川詰難。乃云清兼濁，虛兼實，一兼二，大兼小。渠本要說形而上，最是此處不分明。如參兩云，以參為陽，兩為陰，陽有太極，陰無太極。」（《朱子語類·卷 99》）。以上論述參見朱伯崑，《易學哲學史修訂本》（第二卷），頁 350～352。

〔註 26〕 （明）吳廷翰，《吉齋漫錄·卷上》，頁 19～20。

〔註 27〕 （宋）張載，《張載集·正蒙·太和》，頁 7、9。

「理」配「太虛」，以「氣」配自己系統中所說之「氣」，而謂：「合虛與氣，有性之名；有這氣，道理便隨在裡面；無此氣，則道理無安頓處」〔註28〕。其實朱子之「氣」純就「形而下」而言，並非張載言「氣」之本意。吳廷翰認為雖然張載沒有二分太虛與氣之意，但朱子這種理氣二分之失，是張載「虛與氣兩言」而造成之誤解。他說：

> 至謂「合虛與氣為性」，則天猶與道為二，性反有以兼之乎？謂「合性與知覺為心」，性兼天道而猶無知覺乎？據其為說，未嘗如註釋者之分別太過，獨其以虛與氣兩言之，猶未免於理氣之失也。(《吉齋漫錄・卷上》，頁19。)

雖然張載有言：「聚亦吾體，散亦吾體。」又言：「氣之聚散於太虛，猶冰凝釋於水。」以聚散而分氣與虛；他又謂「知虛空即氣，則有無、隱顯、神化、性命通一無二」〔註29〕，未嘗截然分虛與氣為二，但吳廷翰提出他的質疑說：

> 「太虛不能無氣」，「氣之聚散於太虛」，謂氣與虛為一物可乎？謂氣散為虛，聚為物，則虛為散，氣為聚，天為氣之散，道為氣之聚乎？要之，虛實也，聚散也，皆氣也。其曰天、曰道、曰性、曰心，皆此一物，隨處異名，不容分別。強為之言，不覺其差矣。……「若謂萬象為太虛中所見之物，則物與虛不相資，形自形，性自性，形性天人不相待而有。」則又是以性由虛，形由氣，而合虛與氣為性之說，且有不能推者。又其以「清虛而不可象為神，散殊而可象為氣」，虛言神，氣言化，天主神，道主化，安在其為通一無二耶？蓋其論道之旨固已獨異諸儒，顧其言之未精，亦自有不能免者。若如今人理氣之說，則虛為理，氣為氣，合虛與氣為合理與氣。其失至於以天為理，道為氣，性兼理氣而無知覺，知覺出於氣，性獨出於理。以是而病張子，則誣矣。(《吉齋漫錄・卷上》，頁19～20。)

在此他以為張載「由太虛有天之名，由氣化有道之名，合虛與氣有性之名，合性與知覺有心之名」，這使朱子有「以天為理，道為氣，性兼理氣而無知覺，知覺出於氣，性獨出於理」之失，他揭示「虛實也，聚散也，皆氣也。其曰天、曰道、曰性、曰心，皆此一物，隨處異名，不容分別。」意即「太虛是就氣的虛散無形而言的，然而太虛不是虛無，而是氣存在的一種狀態，太虛

〔註28〕（宋）張載撰，朱熹注，《張子全書・卷2・正蒙》，台北：台灣商務印書館，1979，頁24。

〔註29〕（宋）張載，《張載集・正蒙・太和》，頁7、8。

與氣也不是兩物，兩者都是指氣，只是稱謂不同而已」〔註30〕。吳廷翰他將虛與氣一貫起來，進而以氣通貫天、道、心、性，如此才能體現張載之氣的「通一無二」的主張，消除對張載的誤解。

2. 氣神一貫

有論者指出張載之「太虛」雖與道家之「無」不同，本身意義則欠明確。所謂「虛」當指「無形」之階段，但他又謂「太虛為清」，如此則所謂「太虛」者又似乎不包含「實」與「濁」等等，如此則如何能為萬有的總根源？〔註31〕其所用語言欠妥，故程朱對此均提出異議〔註32〕。吳廷翰就認為這是張載「其言之未當」所造成，對此問題，他針對張載闡述氣與神之關係的矛盾提出己見，他說：

> 太虛無物，即是氣；氣之不測，即是神。今曰：「太虛為清，清則無礙，無礙故神；反清為濁，濁則礙，礙則形。」是虛為虛，則氣為實矣。虛為清，則氣為濁矣。虛為神，則氣非神矣。謂天則虛而道則實，天則清而道則濁，天則神而道則非神，可乎？故程子曰：「一氣相涵，周而無餘。」謂氣外有神，神外有氣，是兩之也。清者為神，濁者獨非神乎？此足以見其言之未當。（《吉齋漫錄·卷上》，頁19。）

吳廷翰認為：「神即陰陽，指其不測者而言其曰神」〔註33〕。氣之「靈妙則謂之神」，亦即神是指氣的靈妙不測的作用。而「太虛」就是「氣」，因此，萬物皆由此氣而生，宇宙萬物即以此「氣」作為本體。張載以「形」與「神」對舉，似乎與清相反的濁形是不神的，這是張載思想中的矛盾。氣與神應是如明道所言的「一氣相涵，周而無餘」的關係，神既是氣的本性，則濁者亦不可謂無神，氣與神不可二分。因此，可以說「太虛、氣、神皆是生化的本體，是互為彼此之內涵，而無體用、虛實之分別者」。亦即「萬化同由氣神而出」。〔註34〕張載言：「太虛為清，清則無礙，無礙故神；反清為濁，濁則礙，礙則形」、「由太虛有天之名，由氣化有道之名，合虛與氣有性之名，合性與

〔註30〕張立文，《中國哲學範疇精粹叢書——氣》，北京：中國人民大學出版社，1990，頁195。

〔註31〕對此析論見勞思光，《中國哲學史新編（三上）》，台北：三民書局，1990第六版，頁176。

〔註32〕（宋）張載撰，朱熹注，《張子全書·卷2·正蒙》，頁24。

〔註33〕（明）吳廷翰，《吉齋漫錄·卷上》，頁18。

〔註34〕王俊彥，〈吳廷翰「以氣即理，以性即氣」的思想〉，華岡文科學報第二十一期，頁64。

知覺有心之名」。〔註35〕以「太虛」爲虛、清、神；「氣」爲實、濁、非神，那麼，天則爲虛、清、神；道則爲實、濁、非神。氣神二分之下，天與道則相隔爲二而無法貫通，所以氣神要一貫，虛與氣不可二分。

　　吳廷翰氣神之說，指出張載立論的矛盾，而有承於王廷相「氣神一貫說」〔註36〕，王廷相認爲：「神者生之靈，皆氣所固有者也，無氣則神何從而生」、「氣者形之種，而形者氣之化；一虛一實，皆氣也。神者，形氣之妙用，性之不得已者也。三者，一貫之道也。……夫神必藉形氣而有者，無形氣則神滅矣」〔註37〕。也就是說，「神是形、氣所自有自具的活動力作用力，三者間自然是一貫的」〔註38〕。虛與實都是氣的存在狀態，因此太虛不能離氣而存在，王廷相又指出「道體必以元氣爲始。故曰有虛即有氣，虛不離氣，氣不離虛，無所始無所終之妙也」〔註39〕。這彌合了程朱對於太虛與氣的形而上、形而下的分裂。後來王夫之繼而詮釋了「凡虛空皆氣」的思想，並說明太虛是實存的，而非眞虛。「太虛，一實者也」，肯定了太虛是實存之氣。〔註40〕

　　朱建民指出張載天道論中，有形而上的神與形而下的氣，神與氣不可解做兩個實體；氣可通有形與無形，通形而下與形而上。〔註41〕吳廷翰的氣與神、虛與氣一貫的看法，除將氣視爲形而上以外，正與此意有相符之處，其氣是通貫形上下之本體，故可以「一形而上下之」的氣本體論說之。〔註42〕姑且不論吳廷翰的理解是否切合張載氣論義涵，是否確能指出其學說的矛盾，但其意在弭合張載「太虛即氣」的裂縫，杜絕程朱「理氣二分」的依據〔註43〕，貫通到心性論上，自然「天地之性」與「氣質之性」的二分也是不存在的。

〔註35〕（宋）張載，《張載集・正蒙・太和》，頁 9。
〔註36〕有關王廷相「氣神一貫說」參見劉又銘，《理在氣中》，頁 62。
〔註37〕（明）王廷相，《内臺集・卷 4・答何柏齋造化論十四首》，頁 966、963～964。
〔註38〕劉又銘，《理在氣中》，頁 62。
〔註39〕（明）王廷相，《内臺集・卷 4・答何柏齋造化論十四首》，頁 964。
〔註40〕參見張立文，《船山哲學》，台北：七略出版社，2000，頁 168。
〔註41〕參見朱建民，《張載思想研究》，頁 27～29。
〔註42〕此說參見王俊彥，〈吳廷翰「以氣即理，以性即氣」的思想〉，頁 63、79。
〔註43〕吳廷翰此觀點與羅欽順有相符之處，羅言：「『由太虛有天之名』數語，亦是將理氣看作二物，其求之不爲不深，但語涉牽合，殆非性命自然之理也。」（《困知記・卷下・22》，頁 30。）羅欽順認爲太虛就是天，氣化即道，虛即氣，這一提法會更嚴密。而張載有將太虛與天、氣化與道、虛與氣分爲二物的可能，張載所說的太虛觀念，無形無象相當於無形之理，同陰陽氣化對立起來，未免有分理氣爲二之病。以上論述參見朱伯崑，《易學哲學史修訂本》（第二卷），頁 169。

二、太極一氣耳

（一）太極者，以此氣之極至而言

　　王廷相直接把元氣稱爲太極，其言：「推極造化之源，不可名言，故曰太極。求其實，即天地未判之前，大始渾沌清虛之氣是也。」又言：「元氣之外無太極，陰陽之外無氣。以元氣之上，不可意象求，故曰太極」。〔註44〕這種觀點源自漢儒大體上共持的主張，以氣爲萬物之本原，謂太極爲氣是實有一物，不免從實質處看萬物之原。吳廷翰深受其影響，「在太極上，他也是從實體與屬性相統一的角度來解釋太極」〔註45〕。他說：

　　　　氣之渾淪，爲天地萬物之祖，至尊而無上，至極而無以加，則謂之太極。太極者，以此氣之極至而言也。（《吉齋漫錄·卷上》，頁8。）

　　　　太極渾淪一元之氣，其時未有陰陽之分，善且不可名，而況惡乎？
　　　　（《吉齋漫錄·卷上》，頁26。）

太極即是天地萬物之祖的元氣，其屬性是至尊、至極，而無以復加者。而此作爲宇宙本體的「太極渾淪一元之氣」是「善且不可名，而況惡乎」，此指太極是超乎相對善惡之上，而爲一形上絕對之本體，所以說是「至尊而無上」，且宇宙萬變萬化萬事萬物皆此無極限之氣所爲。〔註46〕因此，太極是氣之別稱，與氣屬於同一層次的範疇，故言：「蓋太極，一氣耳」。〔註47〕他認爲：「太極者，以此氣之極至而言也。」以「極至」解釋太極之極，有同於朱子之處〔註48〕，朱子有言：「聖人之意，正以其究竟至極，無名可名，故特謂之極，猶曰舉天下之至極，無以加此云爾。……太極則又初無形象方所之可言，但以此理至極而謂之極耳。」不過朱子此至極者是理，而非氣，他說：「太極只是一個理字」、「太極只是天地萬物本然之理」〔註49〕，這與吳廷翰認爲太極是「渾淪一元之氣」是截然有別的。

〔註44〕　（明）王廷相，《王氏家藏集·卷33·太極辯》，頁596、597。

〔註45〕　葛榮晉，《中國哲學範疇導論》，頁74～75。

〔註46〕　此說參見王俊彥，〈吳廷翰「以氣即理，以性即氣」的思想〉，頁75。文中有「天地間之生化、條理、形質、價值、體用關係等皆此一氣之所爲」之相關論述。

〔註47〕　（明）吳廷翰，《吉齋漫錄·卷上》，頁8。

〔註48〕　（宋）朱熹：「極者，至極而已。」《朱子大全·朱文公文集·卷36·答陸子靜第五書》，台北：台灣中華書局據明胡氏刻本校刊，1966，頁9。

〔註49〕　（宋）朱熹，《朱文公文集·卷36·答陸子靜第五書》，頁9、《朱子語類·卷1》，台北：正中書局影印本，1970臺二版，頁2、1。

（二）無極者，又所以釋太極之義

說太極只是氣，不但表明了氣的始初性，在氣上無產生者，具有鮮明之氣本論思想，還說明氣在時間上的永恆性和空間上的無限性。所以他認為「無極」只是「太極」，「無極者，又所以釋太極之義」。無極只是形容太極之無窮盡之意，無極不是存在太極之上者。因此，太極在空間上無窮無盡，氣亦無窮無盡，這也就更有力地論證了氣本來就存在的觀點。〔註50〕

有關周敦頤《太極圖說》首句「無極而太極」之說，歷來爭論頗多，朱子說：「無極而太極，只是無形而有理，周子恐人於太極之外更尋太極，故以無極言之，既謂之無極，則不可以有底道理強搜尋也」〔註51〕。以太極為理，無極謂無形，「無極」只不過是出於「理」的無形、無限和自足而有的稱謂，他所指的還是「理」。〔註52〕誠如論者所指出：周子之意不是說「無極」和「太極」分為兩實體，然以太極為無極並不必一定要用朱熹的解釋（以太極為理為道）；即使將太極說為太虛之氣，也一樣可以將之稱為無極。周子不分理和氣，因此並不以太極為「總天地之理」。而且他的思想既然由道教上溯到漢朝的易學，漢朝易學重在氣，則周子的太極，應該是太虛之氣；這點和張載的思想相同。太極既是太虛之氣，乃無形無象，稱為無極。〔註53〕吳廷翰「無極而太極」論即是此理路，是源自漢儒的一種重氣的思想，又承張載「太虛即氣」說，而認為此氣為天地萬物之本，此氣為形而上，無形而至虛。他說：

> 「無極而太極」，本無可疑。蓋太極者，言此氣之極至而無以加尊稱之也。無極者，又所以釋太極之義。若曰「太極」者，乃無極之謂。故下文亦曰：「太極本只是無極。」又曰「無極之真」，而不言「太極」，見「無極」只是「太極」。周子之意，蓋亦恐有疑於二極之說者，故再舉以明之也。（《吉齋漫錄·卷上》，頁7。）

以為無極與太極並非二極，而是統一的。太極是氣的極致，無極是解釋太極的。周敦頤以無極冠於太極之上，並不表示太極之上還有無極，那麼，吳廷翰以「無極者，又所以釋太極之義」說解是有理的。朱子謂無極僅意謂太極

〔註50〕參見袁爾鉅，《吳廷翰哲學思想》，頁39～40。

〔註51〕（宋）朱熹，《朱子語類·卷94》，頁3756。

〔註52〕成中英，《知識與價值——和諧·真理與正義之探索》，台北：聯經出版社，1986，頁46。

〔註53〕參見羅光，《中國哲學思想史—宋代篇（上冊）》，台北：台灣學生書局，1984，頁74～78。

是「無聲無臭」、「無方所、無形體、無地位可頓放」。若就無極與太極的一體性而言，在形式上吳廷翰與朱子無別，但在內涵上則相異，朱子以太極爲理，吳廷翰以太極爲氣。「蓋太極，一氣耳，據其動靜而以陰陽名之，非陰陽至此而始生。」就此而言，他是與王廷相相似的。因此有論者說：朱、吳之異，就是理氣之別。主理者，以無極而太極爲無形而有實理；主氣者，以無極而太極爲天地混淪未分之氣，兩者並不一致。〔註54〕

　　吳廷翰對太極反復加以討論辯證，意在消除朱熹以太極爲天地萬物之理這一見解的影響，也從無極的確定意義，指出氣在宇宙形成過程中的本原地位和決定作用。從他對吳澄解釋「無極而太極」的批判，再次論證了太極不是理而是氣。其言：

　　　吳文正公有論，曰：「太極者，何也？曰：道也。道而稱之曰太極，何也？曰：假借之辭也。道不可以名也，故假借可名之器以名之也。以其天地萬物之所共由也，則名之曰道。道者，大路也。以其條派縷脈之微密也，則名之曰理。理者，玉膚也。皆假借而爲稱者也。……道也、理也、誠也、天也、帝也、神也、命也、性也、德也、太極也，名雖不同，其實一也。……道者，天地萬物之統會，至尊至貴無以加者，故以假借屋棟之名而稱之曰極也。然則何以謂之太？曰：太之爲言，大之至甚也。然則無極而太極何也？曰：屋極、辰極、皇極、民極、四方之極，凡物之號爲極者，皆有可得而指名者也，是則有所謂極也。道也者，無形無象，無可執著，雖稱曰極，而無所謂極也。雖無所謂極，而實爲天地萬物之極，故曰『無極而太極。』」其說甚明。但一篇之中，不曾指出爲何物。其意只以理言，而不知其爲即此氣耳。既曰道、理等字皆是假借之名，不知畢竟是何物，而以道、理等字假借名之乎？道、理等字俱是假借，不知假借以名何物乎？此等是懸空之說，即此可見。所謂道、理，必有一物以當之。除卻此氣，無他物矣。（《吉齋漫錄・卷上》，頁11～12。）

究竟「無極而太極」的意義是什麼？在這一段話中，吳廷翰引用吳澄的話說：「凡物之號爲極者，皆有可得而指名者也，是則有所謂極也。道也者，無形無象，無可執著，雖稱曰極，而無所謂極也。雖則無所謂極，而實爲天地萬

〔註54〕張立文，《中國哲學範疇發展史——天道篇》，台北：五南圖書出版公司，1996，頁390。

物之極，故曰『無極而太極』」〔註55〕。無所謂極而極，便是無極而太極。然而吳澄「無極而太極」的論述原來是來指稱「理」的，吳廷翰則藉以用「氣」來闡釋太極、道、理。在此批判中，吳廷翰進一步肯定了太極即氣，不是理，而理不是懸空孤立之理，理是氣之條理，道、理是氣的假借之名。此亦無異批判了朱熹「太極只是一個理字」、「道便是太極」的說法。

朱子「無極而太極」說，誠如論者所釋說：「無極與太極是體用一源。太極的本體是無極，無極的用是太極，無極與太極是體用一源相即。……對此要引用儒家的前後的思想來加以說明。……這種先後論是朱熹的基本理論，也就是儒家的思想。這是事理一致、體用一源、體先用後，體立而後用的理論，是與靜先動後、理先氣後的理論相聯繫的。」〔註56〕那麼吳廷翰以「氣」來闡釋太極、道、理，這也可說是他反對朱子「理先氣後」的立論基礎。

成中英於〈易經中的「理」與「氣」〉一文中指出：朱子的「無極」只不過是「理」的無形、無限和自足而有的稱謂，它所指的還是理。而周敦頤的「無極而太極」可在某種解釋之下，恰好吻合從《易經》發展出來的理氣觀。「無極而太極」這句話，不過指出「氣」是變化、秩序的未定無形的來源，正因如此，「氣」造成一切形式、事物和特定的活動。這就是創造形式的極致──「氣」的創造力。〔註57〕吳廷翰以「氣」釋太極之義，依此看來有相符之意。

（三）以太極言道

張載在氣的基礎上提出太和與太虛的觀念：

> 太和所謂道，中涵浮沈、升降、動靜、相感之性，是生絪縕、相蕩、勝負、屈伸之始。其來也幾微易簡，其究也廣大堅固。起知於易者乾乎！效法於簡者坤乎！散殊而可象為氣，清通不可象為神。不如野馬、絪縕，不足謂之太和。語道者知此，謂之知道，學《易》者見此，謂之見《易》。（《張載集·正蒙·太和》，頁7。）

太和即是至和之氣，也就是塊然太虛之氣，這是氣的本然狀態，清通湛然，不可象狀，太和涵有浮沈、升降、動靜、相感等相偶對立而互動統一的屬性，

〔註55〕此段為吳澄所言，見於《吳文正公集·卷4》，台北：台灣商務印書館（四庫全書珍本二集），頁3。張立文於《中國哲學範疇發展史──天道篇》頁390，誤以為「其父」。

〔註56〕小野澤精一、福永光司、山井湧編著，李慶譯，《氣的思想─中國自然觀和人的觀念的發展》，上海：上海人民出版社，1990，頁375～376。

〔註57〕成中英，《知識與價值──和諧、真理與正義之探索》，頁63～64。

因此能夠產生絪縕揉合、互相推盪、勝負迭代、屈伸往來的作用，經由這些作用運動，才能產生天地萬物，因此太和可以說是最純粹原始的氣，也是萬物的本原，橫渠即以道稱之，此處的道不只是本體的意義，也兼有流行之意，因此是即體即用的。〔註58〕

吳廷翰「太極即一氣」之思想，堅言「虛與氣不可兩言」，因此對張載《正蒙》中有關太虛、太和之見解有異議，其言：

> 「太和所謂道」，朱子以爲「與發而中節之和無異」，誠然。蓋《易》言「絪縕」「太和」，乃道之全體。《正蒙》以「散聚可象爲氣」。又曰：「由氣化有道之名。」以「清通不可象爲神」。又曰：「神者，太虛妙應之目。」又曰：「由太虛有天之名。」則太虛與天爲一路，太和與氣、與道爲一路。太和指發用，落在動底一邊；太虛指本體，落在靜底一邊。推其說，則太虛無形而太和有形，太虛爲神而太和爲化，太虛爲未發，太和爲已發，實非絪縕、太和之本旨；終不若「一陰一陽之謂道」之云爲該虛實、動靜、神化、隱顯，舉其全體而無欠也。

> 太虛、太和言道，未嘗不是，然終不若太極云者，以落在一邊故也。《中庸》以中和狀道之體用：「中也者，天下之大本；和也者，天下之達道。」必兼言之始備。太虛云者，似中；太和云者，似和。太極不言虛而虛在其中，不言和而和在其中。二字雖出自孔子，周子獨能指出爲《圖》，乃其灼見之妙。（《吉齋漫錄‧卷上》，頁20。）

他認爲張載所言之「太虛」是指天、本體、靜的一方面；「太和」是指氣、道、作用、動的一方面，有分割片面之嫌，是各「落在一邊」，分爲兩路。又有「太虛」爲無形、爲神，似未發之中；「太和」爲有形、爲化，似已發之和，故他認爲張載「太虛云者，似中；太和云者，似和」。然而《中庸》以中和形容道的體用，必兼有未發之中與已發之和才完備。因氣爲萬物之本體，故太極之氣兼有天下大本之中；又氣爲萬物之所由出，故又兼有天下達道之和。因此，太極雖不言虛，而虛之本體已具；雖不言和，而太和之生化已成。這裡，他就「中和體用兼備言氣之所以爲太極」。〔註59〕吳認爲以太極言道，可避免太

〔註58〕胡森永，《從理本論到氣本論——明清儒學理氣觀念的轉變》，台大中國文學研究所博士論文，1991，頁13。

〔註59〕以上論說參見王俊彥，〈吳廷翰「以氣即理，以性即氣」的思想〉，頁76。

虛、太和言道落一邊之弊，更符合中庸言道之體用的意旨，也是展現張載「通一無二」、「即體即用」之旨，進而免除對張載「虛與氣爲二」的誤解以及朱子「理氣二分」之弊。

　　「太極」二字出於《易傳》:「《易》有太極，是生兩儀」，吳以爲《易傳》爲孔子所著，〔註60〕故其言太極一詞出自孔子，而周敦頤《太極圖說》借「《易》有太極」一語，於陰陽之上復言太極，以太極爲本體，陰陽爲用，吳廷翰以「灼見之妙」推崇他，不過，吳是基於「太極即氣」的立場來看待的，他以太極言道，仍不脫「氣即道，道即氣」之意。

三、一陰一陽之謂氣

（一）一陰一陽之謂氣

　　吳廷翰以氣爲天地萬物之本，不僅認爲太極即氣，連帶地陰陽、道亦即是氣，將太極、陰陽、道之位階等同於氣，甚至化用《易傳》:「一陰一陽之謂道」爲「一陰一陽之謂氣」來顯現陰陽的屬性與位階，陰陽已不是程朱所言的形而下之氣了，他說:

> 何謂道？「一陰一陽之謂道」。何謂氣？一陰一陽之謂氣。然則陰陽何物也？曰氣。然則何以謂道？曰：氣即道，道即氣。……及其分也，輕清者敷施而發散，重濁者翕聚而凝結，故謂之陰陽。陰陽旣分，兩儀、四象、五行、四時、萬化、萬事皆由此出，故謂之道。……陰陽者，以此氣之有動靜而言也。道者，以此氣之爲天地人物所由以出而言也，非有二也。（《吉齋漫錄・卷上》，頁5。）

他既以氣爲天地萬物之祖，而道是「此氣之爲天地人物所由以出」，在此吳廷翰將「一陰一陽」萬物所由生之道與「一陰一陽」萬物所由生之氣，皆指能生化之本體，道、氣是一而無別，所以說:「氣即道，道即氣」。氣是生化本體，此本體之氣「分」，則輕清者發散，重濁者凝結而有陰陽。「陰陽何物也？曰氣」，言陰陽自身便是氣，故「一陰一陽之謂氣」，陰陽即氣，氣即陰陽。

　　《易經》之太極被程朱視爲萬物超越的形上根據，陰陽爲萬物生成變化的普遍元素和力量。程頤言:「離了陰陽更無道。所以陰陽者，是道也；陰陽，氣也。氣是形而下者，道是形而上者」〔註61〕。將陰陽視爲形而下的氣，陰

〔註60〕吳廷翰於《櫝記・卷上・繫辭》言:「《繫辭》上下傳，則是孔子所作，統論一經之體、凡例，即十翼之一。」（見《吳廷翰集》，頁136。）

〔註61〕（宋）程顥、程頤，《二程集・河南程氏遺書・卷15》，頁162。

陽的所以然則是形而上的道。朱子即順承並發展「道」「理」與「陰陽」間的這一區分及其相互關係。朱子雖把陰陽釋爲「氣」，卻將之落於形而下的界域，氣便是形而下者，實爲未妥。〔註62〕吳廷翰之氣本論以氣爲最高範疇，主張「陰陽即氣」，陰陽亦即其哲學的最高範疇，與程朱以形下之氣釋陰陽不同。

（二）陰陽者，以此氣之有動靜而言

氣本來是渾沌，之所以稱爲陰陽，乃因氣具有動靜的特性。因「一氣之動處爲陽，靜處爲陰」〔註63〕，所謂動，是氣的輕清散漫的特性；所謂靜，是氣之重濁凝聚的特性。氣的這種相反相成的對立面，是氣固有的，不是氣變化到某個階段才產生的。〔註64〕他認爲：

> 蓋太極，一氣耳，據其動靜而以陰陽名之，非陰陽至此而始生也。「動靜互爲其根」，言陰陽之體本一。分陰分陽而兩儀立，乃其用之二也。
> （《吉齋漫錄‧卷上》，頁 11～12。）

太極即氣，故太極的陰陽即是氣之陰陽。陰陽的總體是氣，陰陽只是氣之用，而非氣之外的存在物。因此，陰陽非指形下者，而是氣本體之能動靜生生之二種性質作用。他是反對陰陽由太極而生之說，太極與陰陽是體用合一的。

吳廷翰認爲，由於「一氣」之陰陽的動靜不已，生生變易，而產生萬事萬物。宇宙萬物動靜無端，陰陽二氣變化無始。元氣中的陰陽二氣的運動已是循環不已、不分先後的，所以說動前有靜，靜前有動，陰前是陽，陽前是陰，這種陰陽動靜的相互包涵、彼此並進的思想，「已到極處」了。他說：

> 程子謂「動靜無端，陰陽無始」，此言已到極處。蓋既謂動靜陰陽，已是兩端循環，如何分得先後？所以說「動前又有靜，靜前又有動，陰前又有陽，陽前又有陰」。如曰「動靜」、「動靜有常，剛柔斷矣」之類，是以動爲先、靜爲後；如曰「陰陽」、「一陰一陽之謂道」之類，是以陰爲先、陽爲後；「太極動而生陽」，動在靜先；「繼之者善」，陽在陰後也。人見「太極動而生陽，靜而生陰」之說，以爲太極雖兼動靜，而以靜爲體，皆非《易》之本旨也。（《吉齋漫錄‧卷上》，頁 13。）

〔註62〕 有關此未妥觀點的論證可參考曾春海，《朱熹易學析論》，輔仁大學出版社，1990 再版，頁 167～168。

〔註63〕 （明）吳廷翰，《吉齋漫錄‧卷上》，頁 8。

〔註64〕 參見張立文主編，《中國哲學範疇精粹叢書——氣》，頁 194。

吳反對後人據周敦頤「主靜」之說而以靜爲太極本體，他贊成二程「動靜無端，陰陽無始」。認爲氣爲天地萬物之祖，氣中本有陰陽這兩種互相對立的作用，陰陽即動靜。陰陽二端，循環不息，動前有靜，靜前又有動，不可分先後，他指出：「『易有太極』，乃包含陰陽、動靜而言之，何等渾淪。故凡單言陰陽、動靜者，畢竟皆指一端，非謂太極之全體也。」太極全體即陰陽，孤陰孤陽皆不可以說太極。他認爲所謂「易有太極」的說法，就是包括「陰陽、動靜而言之」。凡是單獨講陰陽、動靜者，都是指一端，不是講太極之全體。所以說《易》的本旨不是指一端，而是指太極兼陰陽、動靜而言之。

　　周敦頤肯定太極自身是能動能靜的實體，是直接生化創造的實體，朱子雖繼承了周氏太極的觀念，但是他對太極的理會，究竟與周氏仍有差距，事實上，朱子是以己身的形上學的體系，來思考太極動靜屬性的問題。將動靜指爲陰陽之動靜，而非太極自身之動靜，但所以動、所以靜之理則已悉具於太極之理。太極是形上之道，無形無跡可言，陰陽是氣跡邊事，屬於形下界，動靜亦然，是屬於現象界的表現。〔註65〕吳廷翰以太極兼陰陽、動靜，動靜是陰陽之用，陰陽、動靜是渾淪，無先後之分，太極非以靜爲體，不僅反對朱子「靜體而動用」〔註66〕，並且一再否定陰陽是形下之氣之說。

第二節　以氣爲理

　　程朱理學將「理」作爲氣與萬物的最初本原和最高實體，吳廷翰則在肯定氣爲天地萬物本原的基礎上，批評張載「太虛即氣」而認爲「虛與氣不可兩言」，這也就是他始終反對程朱「理先氣後」、「理本氣末」的立足點。他繼承羅欽順「理氣爲一物」、「理氣不容分」〔註67〕、「理即氣之理」〔註68〕等說法，自己也提出「理氣爲一物」、「以氣爲理」、「理即氣之條理」、「理也者，氣得其理之名」、「氣之凝聚、造作，即是理」等觀點。〔註69〕

　　爲了強調理在氣中，他甚至說「氣即理」，恰與程朱之「性即理」、陸王之「心即理」相對應，但在其哲學邏輯結構中，理只是氣之條理、規律，而

〔註65〕胡森永，《從理本論到氣本論——明清儒學理氣觀念的轉變》，頁37～38。
〔註66〕（宋）朱熹，《周易本義·繫辭上傳》，新文豐出版社，1979，頁338。
〔註67〕（明）羅欽順，《困知記·附錄·與林次崖僉憲（辛丑秋）》，頁151、152。
〔註68〕（明）羅欽順，《困知記·附錄·答林正郎貞孚（己亥秋）》，頁142。
〔註69〕（明）吳廷翰，《吉齋漫錄·卷上》，頁7、頁8、頁34、頁6。

從屬於氣。因此理屬於規律、法則的意義，不是本體範疇。他主張虛與氣為
一，指出張載「太虛即氣」的矛盾，作為反對程朱「理氣二分」的依據。雖
然他也認為「理氣為一物」、「名為理氣，實惟一物」，〔註70〕但他肯定氣的第
一性，理為從屬。正如成中英在討論《易經》理氣關係時所說的：「氣」為運
動變化的發動者，是創造的來源與本體；「理」則是具有創造力之「氣」的條
理化和分殊化的活動，而非朱子所言的獨存的創造主體。〔註71〕

一、理即氣之條理

　　吳廷翰以氣為宇宙本體之始源，將理從屬於氣之下，以為「氣之為理」、
「理即氣之條理」。「理即氣之條理」即是將理視為貫穿氣之脈絡，理是氣的
條理或規律性。理只是氣的內在功能、功用，而不是氣之所以然之理。他同
意吳澄「以其條派縷脈之微密也，則名之曰理。理者，玉膚也。皆假借而為
稱者也」的觀點，但他又說：

> 氣之為理，殊無可疑。蓋一氣之始，混沌而已。無氣之名，又安有
> 理之名乎？及其分為兩儀，為四象，為五行、四時、人物、男女、
> 古今，以至於萬變萬化，秩然井然，各有條理，所謂脈絡分明是已。
> 此氣之所以又名為理也。（《吉齋漫錄・卷上》，頁6～7。）

指出天地之始，只有混沌之一氣，有氣才有理的名稱，氣不存在，理也不能
存在。而此氣在萬變萬化秩序井然，有條不紊、脈絡分明，所以氣又名為理，
理是指氣的條理或規律性，也就是說，理是事物的結構，事物的表現形式而
已。把理視為氣之「條理」，這表達了理不離氣，理從氣而出，為氣之從屬，
已不具有本體的地位。

　　而氣何以能又說為理？他說：

> 愚敢斷然以氣為理，豈有別說，亦只據「一陰一陽謂道」之言思而得
> 之也。氣得其理則為理，無難曉者。然理之名，亦只始諸《易》之「窮
> 理」。窮理者，窮此而已，猶所謂「窮神」云爾。神者，陰陽不測；
> 理，則陰陽得其理：故皆曰窮。先儒蓋謂「理者不雜於氣者也」，若
> 謂「理者氣之不雜者也」，則幾矣。（《吉齋漫錄・卷上》，頁8。）

> 曰：然則何以有理氣之別？曰：理也者，氣得其理之名，亦猶變易

〔註70〕　（明）吳廷翰，《吉齋漫錄・卷上》，頁7、頁17。
〔註71〕　此說參見成中英，《知識與價值——和諧、真理與正義之探索・易經中的「理」
　　　　與「氣」》，頁53～62。

之謂易、不測之謂神之類，非氣之外別有理也。(《吉齋漫錄・卷上》，
頁 6。)

他根據「一陰一陽之謂道」提出「以氣爲理」之說，氣是依一陰一陽之方式而
生化，故氣之陰陽便是理，「氣之爲理」就「殊無可疑」。他從理與氣的結合中，
進一步規定理。理是氣本體因「得其理」而名，亦即理是氣自己具有的理則，
理不能離氣而獨立存在。他將理視爲與易、神相類，理只是氣在神妙變易過程
中的一種狀態或規律。而氣是本體，理從屬於氣，故理在氣中，非在氣之外，
理更不是氣所依循的理則。〔註 72〕這也就是成中英在討論《易經》理氣關係時
所詮釋的：「理」不過是「氣」之歷程中內部的結構與蘊含的形式，殊非朱熹所
言之獨存的創造主體。〔註 73〕因此，吳廷翰認爲理氣的關係可以說是「理者氣
之不雜者」，卻不是「理者不雜於氣者」。「氣之不雜」與「不雜於氣」的差異就
是對主體（本體）的認知不同，前者以氣爲主，後者以理爲先。

二、理有雜揉不齊

吳廷翰以條理、脈絡分明詮釋理，首先當然是指自然、社會的秩序或規
律，這可謂是正常的必然性，或稱爲順向規律。但他不僅把氣之運行的正常
規律、秩序視爲理，就連自然界的反常現象，社會的不正常秩序亦是理。也
就是說，脈絡分明、雜揉不齊皆是理，因此理是具有全面性的。他認爲：「一
氣而屈伸往來，莫非理也。」並不是說理使氣屈伸往來，而是氣的往來屈伸
這種活動就是理，而氣在屈伸往來之中有雜揉不齊，紛紜乖誤，使天地所出
現的災異亂象亦皆是理。他說：

　　若其雜揉不齊，紛紜舛錯，爲災異，爲妖沴，爲濁亂，則誠若不得
　　其理矣，然亦理之所有也。(《吉齋漫錄・卷上》，頁 7。)

因此理固然是「氣之條理」，亦有雜揉不齊者，不齊爲天理中事。他又說：

　　天之福善禍淫以爲天理者，蓋氣之變化靈妙有以爲之，而得其理耳。
　　若謂理本無爲，則焉能爲之禍福乎？……一氣而屈伸往來，莫非理
　　也。(《吉齋漫錄・卷上》，頁 17。)

〔註 72〕秦家懿於〈太極論：朱熹的秘傳學說〉提出說：朱子的「理」具形而上的的
　　　　含義，爲事物的內在本質，或「物爲何是物」。它也有規範層面的意義，即「應
　　　　是如此」。(鍾彩鈞主編，《朱子學的開展——學術篇》，漢學研究中心，2002，
　　　　頁 205。)這些「理」的意含皆不是吳廷翰所認知的理的意義。
〔註 73〕成中英，《知識與價值——和諧、眞理與正義之探索・易經中的「理」與「氣」》，
　　　　頁 53～54。

因理爲氣之理，氣有靈妙之變化，氣本身就能表現爲理，理本身不是獨立存在者，並無獨立的活動，而是在氣的活動中即呈現出理來。故理不是駕馭在氣之上，理不可爲本體，只有氣才具有主宰的本體地位。因此有論者說：他的理是自然無爲的，不能主宰吉凶禍福。〔註 74〕又指說他主張「理本無爲」，即認爲理作爲氣之法則、秩序，是自然而然的，無支配意志。〔註 75〕理是自然無爲者，又理有條理規律，也有雜揉不齊。因此，天因氣的往來屈伸而表現的禍善福淫，亦皆是天理所在，理已非純善者。再者，由天之理可推得知人之理，人之理包含有自然慾望、道德倫理就是理所當然爾，因此，天理、人欲皆是自然之中。這些都與他認爲理是無爲的，而氣是主宰的觀點是有關。〔註 76〕

　　在此，吳廷翰將自然界的變化紛紜舛錯等反常現象，視爲一種合於規律的現象，並非天的譴告或神的主宰。社會的治亂亦紛紜複雜，然治亂亦都是理所有，治可稱爲善的規律性，亂可稱爲惡的規律性。因此有論者推崇他：把自然、社會的種種現象納入正反、順逆、善惡的規律，是人類認識的深入，是對規律多樣性思維的貢獻。〔註 77〕

三、理氣爲一物

　　儘管朱子認爲「理」、「氣」同時存在而無始無終，同樣必要而不可缺一，但他並不是將二者平列起來，同樣對待。就存有性言，「理」與「氣」截然可分；在理論次序上，「理」先於「氣」。吳廷翰則承繼羅欽順、王廷相「理氣一物」的氣本論，認爲理爲氣之條理，理與氣亦不可分，氣是理存在的基礎，氣存理在，氣滅理亡，他反對離氣言理，他說：

〔註 74〕姜國柱，《吳廷翰哲學思想探索》，頁 61～62。

〔註 75〕衷爾鉅，《吳廷翰哲學思想》，頁 56。

〔註 76〕吳廷翰有言：「陰陽不測之謂神。神即陰陽，指其不測者而言其曰神，則指其可由者而言曰道，指得其理者而言曰理，皆一義也。陰陽之爲仁義，則仁之神陽也，義之神陰也。陰陽之爲四時、五行，而仁義則分而爲禮知，發而爲惻隱、羞惡，亦一義也。若以仁義爲理，爲無爲，則有寂而無感，有靜而無動，其爲用反待氣而後有，物而不化，滯而不通，豈不測之義而神之謂乎？」（《吉齋漫錄卷上》，頁 18。）以爲仁義本於一氣，本身就具有陰陽神化作用，而理依他自己的體會，只是「氣之條理」，那麼理應爲無爲的，而朱子則將理視爲本體是不通的。因此，或許可以說，他自己以爲理是氣之條理，隨著氣的作用，就表現了理，理是沒有獨立的活動，他的理是「只存有不活動」的。

〔註 77〕張立文，《中國哲學範疇發展史──天道篇》，頁 574。

氣之爲理，殊無可疑。蓋一氣之始，混沌而已。無氣之名，又安有
理之名乎？（《吉齋漫錄・卷上》，頁6。）

道、理等字俱是假借，不知假借以名何物乎？此等是懸空之說，即
此可見。所謂道、理，必有一物以當之。除卻此氣，無他物矣。（《吉
齋漫錄・卷上》，頁11～12。）

此說：道、理存在於氣，倘若沒有氣之一物以當之，則談理、論道皆是懸空
之說，這既批判了超形氣之理，又論證氣的第一性和理的從屬性。〔註78〕

　　他批評程朱離氣言理的觀點，指出程朱「以陰陽爲氣，以道爲理」的錯
誤，他說：

先儒以陰陽爲氣，以道爲理，是去「一陰一陽之謂道」之義而他求
之過也。（《吉齋漫錄・卷上》，頁6。）

《易經・繫辭傳上》明言：「一陰一陽之謂道。」即太極中陰陽二氣的變化就
是道。而程朱卻說：「所以一陰一陽道也。」將道與陰陽區分爲二，且以爲道
在陰陽之先；又以道爲理，以陰陽爲氣，認爲道是所以陰陽者，即本原或第
一性的存在，是形而上者，而陰陽之氣則是理之所爲，是第二性的存在，是
形而下者；總之是，理氣二分，理先氣後。此處先儒即指程頤、朱熹，吳廷
翰以《易經・繫辭傳上》中的「一陰一陽之謂道」爲根據，認爲陰陽即道；
認爲若「以陰陽爲氣，以道爲理」，則理氣相離，此有違聖人之言，故程朱離
氣言理是錯誤的。他甚至明言自己與程朱理論的不同處主要即在於「以氣即
理」：

所論與先儒不同處，只是以氣即理，以性即氣，此其大者。先儒未嘗
離氣而言理也。然其曰：「理氣本無先後之可言，然必欲推其所從來，
則須說先有是理。然理又非別爲一物，即存乎是氣之中，無是氣，則
理亦無掛搭處。」又曰：「而今知得他合下是先有理，先有氣邪？然
以意度之，則疑此氣是依傍這理行。及此氣之聚，而理亦在焉。蓋氣
則能凝結、造作，理卻無情意、無計度、無造作。只此氣凝聚，理便
在其中。」分明把作二物。（《吉齋漫錄・卷上》，頁33～34。）

他認爲，朱熹在理氣觀上雖言「理氣本無先後之可言」、「理在氣中」，但還是
肯定先有理後有氣，理氣有先後，它們仍然爲二物。因此他亦批評朱熹對《太
極圖說》的註解：

〔註78〕參見袁爾鉅，《吳廷翰哲學思想》，頁45。

《註》謂：「無極之真以理言，二五之精以氣言。蓋性爲之主，而陰陽五行爲之經緯錯綜，又各以類凝聚而成形。」則謂真與精合，而理與氣分矣。夫氣化之始，乃真精而凝，形化之後，正氣感而生，則言若有不備矣。（《吉齋漫錄・卷上》，頁11。）

以爲朱熹以理指「無極之真」，以氣指「二五之精」，所謂真與精合，即氣與理合。是二物才有離有合，那麼朱熹以爲理與氣合才有人和萬物，則又證明他是視理氣爲二物的。

朱熹雖然承認理氣「本無先後可言」，並批判老子「道生物」的觀點，也不是簡單地接受老莊「道生天地」的說法，但他提出「太極生陰陽」的思想，使吳廷翰與王廷相一樣，皆批評程朱離氣言理，把理看成「超然一物立於天地之先」的觀點，是接近老子「道生天地」之說。〔註79〕其言：

朱子曰：「未有天地之先，畢竟是有此理。」又曰：「當初元無一物，只是有此理。」《太極解》曰：「上天之載，無聲無臭，而實造化之樞紐，品彙之根柢。」亦是此意。蓋以「上天之載」指理，「造化」、「品彙」指氣也。《老子》「道生天地」之說，意亦若此。此愚所以斷然敢以理氣爲一物，而「一陰一陽之謂道」，不必添註而自明也。不然，則夫子論道不若老子之直截矣。（《吉齋漫錄・卷上》，頁7。）

以爲朱熹是以理爲氣的樞紐、根柢，是承認氣上有理以主宰氣，是將理視爲宇宙之本體，這與老子以道爲宇宙之本，視道在天地之先的「道生天地」意相若，皆是離氣而言理、道。再者，吳所以敢斷然肯定「理氣爲一物」，是依據「一陰一陽之謂道」而來，程朱言「所以陰陽者道也」就是陰陽之所以成爲陰陽，是因爲有道主宰的結果，將道（理）氣二分，這是添註解經，吳以爲：若如此理解孔子，則孔子論道反不如老子直截了。

在此，吳廷翰雖認爲理氣爲一物，但他和羅欽順一樣並不認爲理氣是一回事，事物的規律和事物本身畢竟不能等同。理是只氣的條理或規律性，也就是說，理是事物的結構，事物的表現形式而已。氣還是第一性，理是從屬於氣的。他們之所以強調「理氣爲一物」，是針對程朱離氣言理，視「理氣爲二」，理是主宰義的第一性，氣是掛搭的從屬者而來的，但他們以氣爲本的立

〔註79〕王廷相：「老莊謂道生天地，宋儒謂天地之先只有此理，此乃改易面目立論耳，與老莊之旨何殊？」（《雅述》上篇）「世儒謂理能生氣，即老氏道生天地矣。」（《慎言・道體》，頁753）「以道能生氣者，虛實顚越，老莊之謬談也。」（《慎言・五行》，頁809）。

場並未因此而有所鬆動〔註80〕，吳指出：「理即氣之條理」、「理也者，氣得其理之名」、「氣之凝聚、造作，即是理」、「理者氣之不雜者」，理與氣正就是這種異於程朱的不雜不離之關係。吳廷翰這種以氣爲本的理氣觀，有論者稱爲「絕對氣本論」，並認爲他所說的理，即氣得其理之名，亦即是氣在目的性上能產生一種依循規範而達於條理的狀態而說的。此理論若參照戴震理論，可以發現兩者在觀念上並無分歧之處。而這種氣升理降的觀念，甚至以氣爲宇宙本體的氣本論，從張載開始，經過明代中期湛若水、羅欽順、王廷相、吳廷翰、呂坤等人相繼討論，至明代晚期劉宗周更具體闡述氣的本質意義後，大致已確立了。〔註81〕這顯示了吳廷翰在氣本論流衍傳承的過程中有不容忽視的貢獻。

第三節　氣即道，道即氣

　　就氣與道的關係來說，吳廷翰與王廷相皆質疑程頤「所以陰陽者道也」這樣的思想，他們認爲這種氣之上有理以主宰氣的說法是錯誤的，所謂「所以陰陽者道也」就是陰陽之所以成爲陰陽，是因爲有道主宰的結果。他們繼承發揮張載「道氣」不離的思想〔註82〕，在以氣爲本的基礎上，認爲道者是氣之道，不能離氣言道。王廷相言：

> 氣有變化，是道有變化。氣即道，道即氣，不得以離合論者。或謂氣有變，道一而不變，是道自道，氣自氣，岐然二物，非一貫之妙也……氣有常有不常，則道有變有不變。(《王廷相集·雅述上》，頁848。)

以爲道的名義源自氣的活動，它繫屬於氣而非一個獨立存在的實體，它沒有能動性，也沒有固定的所在；它只能因著氣變動不居的特性而表現出有變有

〔註80〕某些大陸學者有此疑慮，如袁爾鉅批評吳廷翰「理氣爲一物」是不妥當的，這會導致取消理氣關係的探討，是容易引起誤解的不準確說法，也會給唯心論留下可乘之隙。(參見《吳廷翰哲學思想》，頁45～46。)

〔註81〕參見趙世瑋，《戴震倫理思想研究》，國立中山大學中國文學系碩士論文，1995，頁60。原文將吳廷翰視爲明代晚期人物。

〔註82〕有關張載「道氣」不離思想的詮釋，陳俊民說：張載推原於陰陽之氣化，提出了「氣化即道」的命題，「太虛」、「太和」、「陰陽」之氣，是「道」範疇的淵源，也是「道」範疇的內涵。「氣」是「道」的實體，「道」是「氣」的妙用，有「太虛」即有「氣」，有「氣化」即有「道」，「道」不離「氣」，離「氣」非道矣。(《張載哲學與關學學派》，台北：台灣學生書局，1990，頁148～149。)

不變。〔註83〕那麼氣是道之所以存在的根本，但氣與道又並非二物，它們的關係是「氣即道，道即氣」，是一貫而不可離絕的，所謂「道寓其（氣）中」〔註84〕。吳廷翰承此「氣即道，道即氣」的思想加以發揮，氣是生生本體，道是氣本體生化自身所本具之理，因此可說：「道氣是一，無體用、理質等分別，亦一無形上下之分別」。〔註85〕

一、陰陽即道

　　吳廷翰的道，在本體意義上，與氣屬於同一層次的範疇，都是指氣，氣由其本身之陰陽之條理以生便是道。氣是生生本體，道是氣本體生化自身所本具之理，道氣是一。他說：

> 何謂道？「一陰一陽之謂道」。何謂氣？一陰一陽之謂氣。……然則何以謂道？曰：氣即道，道即氣。天地之初，一氣而已矣，非有所謂道者別爲一物，以並出乎其間也。……陰陽既分，兩儀、四象、五行、四時、萬化、萬事皆由此出，故謂之道。……陰陽者，以此氣之有動靜而言也。道者，以此氣之爲天地人物所由以出而言也，非有二也。（《吉齋漫錄·卷上》，頁5。）

認爲陰陽是道，也是氣，氣是天地萬物之祖，陰陽是指氣的動靜而言，道則是就「此氣之爲天地人物所由以出」而言的。可知「一陰一陽」萬物所由生之道與「一陰一陽」萬物所由生之氣，皆指能生化之本體，於是道、氣是一而無別，故曰「氣即道，道即氣」。道氣是一，無形上下之分別，無體用、理質等分別，故可說「一陰一陽之謂道」、「一陰一陽之謂氣」。由此可見吳廷翰是就道與氣同具的本體性來理解《易傳》的「一陰一陽之謂道」，排除以太極或道獨立於陰陽之外而自存的說法。他以氣爲最高本體，提出太極即氣、道即氣、陰陽即氣之見解，將太極、陰陽、道統合爲一氣。不是有一獨立於陰陽或一切事物之外的道，而是道即在陰陽、氣化、或事物中，而即此而成其不同的表現。〔註86〕

　　又吳廷翰以「陰陽即道」來反對程朱「所以陰陽是道」：以道爲理，理氣二分的觀點。他認爲道氣分言猶如理氣二分，道與理皆是無用之物，而且將理（道）

〔註83〕有關王廷相「氣道一貫說」參見劉又銘，《理在氣中》，頁63。
〔註84〕（明）王廷相，《慎言·卷1·道體》，頁751。
〔註85〕此說參見王俊彥，〈吳廷翰「以氣即理，以性即氣」的思想〉，頁66。
〔註86〕《易傳》「一陰一陽之謂道」之意涵，參見李杜，《中國古代天道思想論》，台北：藍燈文化公司，1999，頁67。

視爲最高之本體，氣爲從屬，理先氣後等皆是偏頗之言，不符「立天之道，曰陰與陽；立地之道，曰柔與剛；立人之道，曰仁與義」之旨。故言：

> 若如理氣之說，則陰陽必待理而後行，仁義必假氣而後生。謂立天人之道，而乃若是之偏言乎？（《吉齋漫錄·卷上》，頁17。）

> 陰陽即道，蓋指氣得其理而言。運行發育，皆是物也。若曰陰陽爲氣，其理爲道，道則指其不能運行發育者言之，而道反爲無用之物。《傳》曰：「道並行而不相悖。」又曰：「大哉聖人之道，洋洋乎發育萬物，峻極於天。」皆指運行發育者而言也。（《吉齋漫錄·卷上》，頁17。）

「陰陽即道，蓋指氣得其理而言。運行發育，皆是物也。」陰陽與道異名同實，只有認爲「陰陽即道」，道才能成爲洋洋乎運行發育者。如以「陰陽爲氣，其理爲道，道則指其不能運行發育者言之，而道反爲無用之物」。道與陰陽爲二物猶如理與氣分言，那麼，道就不能運行發育，失去了絪縕的功能與變化的作用，道就成爲無用的東西。〔註87〕而道是氣之道，指氣得其理而言，道能運行發育是氣使然，真正的本體還是氣。

他由其氣本論觀點，贊成「陰陽爲氣」、「陰陽即道」，視萬物運行發育皆由氣出，而「氣即道」，道才可爲發育者。但反對「以道爲理」、「其理爲道」，因以道爲形下陰陽氣化所以能運行發育之形上之理，雖爲所以能運行之理，但本身不能實質地運行發育，似違「道並行」之旨。〔註88〕其實在這裡道與理的活動都是氣的作用而來的，它們仍非是獨存的實體。

二、道者，理之可由者也

吳廷翰的道與氣的關係出本體面而言是同一層次的，故「氣即道，道即氣」。而天地人物皆依一氣二分爲陰陽，陰陽再分爲四象的條理所生成，此爲萬物所由生出的條理就是「道」，所以道還具有規律的意義。其言：

> 「立天之道，曰陰與陽；立地之道，曰柔與剛；立人之道，曰仁與義」。天爲陰陽，則地爲剛柔，人爲仁義，本一氣也。陰陽則得天之理，柔剛則得地之理，仁義則得人之理，故皆曰道。道者，理之可由者也；統而言之曰氣；分而言之曰陰陽、柔剛、仁義。以得其理謂之理，以由其理謂之道。（《吉齋漫錄·卷上》，頁17。）

〔註87〕 此可套用牟宗三對朱熹的「理」的評論：「存有而不活動」義。
〔註88〕 此段論述部份參見王俊彥，〈吳廷翰「以氣即理，以性即氣」的思想〉，頁66。

道是天地人的法則，即天之道爲陰與陽，地之道爲柔與剛，人之道爲仁與義。這些也是天地人之理，是天地人所遵循的規律，所以稱爲道。道和理一樣，是氣的屬性，是氣的運動變化規律。從這方面說，道又從屬於氣。〔註89〕那麼，老莊「道生天地」、朱子「道爲天地之本」在他的氣本論下是不成立的。

作爲事物發展、變化的必然性、規律性、趨向等方面而言，「以得其理謂之理，以由其理謂之道」，「道」與「理」似有一般與個別、普遍與特殊、抽象與具體之別，但它們並非獨立存在的兩物，而是一體兩名，實質爲一，皆爲氣所備的。只是「道」側重說於氣的總體變化過程，如氣化流行形成宇宙萬事萬物的總的趨勢；「理」則偏重於闡明氣具體變化的途徑，如說明氣需經歷哪些過程、階段才能孕育眾物。「道」與「理」是有別，卻又有統一的關係，皆是不可離氣而獨存的。〔註90〕他這道與理的關係與王夫之同調，可以王夫之的觀點闡發，王視道是共同的、普遍的規律，理是具體、個別的規律，從縱向結構言：道比理高一層次；從橫向結構看：道與理同屬於規律的不同類型。〔註91〕

三、器亦道，道亦器

吳廷翰以氣爲理的觀點來說明理與氣之關係，並進而藉此以說明道與器之關係。程頤、朱熹借釋《易傳》：「形而上者謂之道，形而下者謂之器。」有意製造「道」、「氣」的形而上下之分，使「道」、「氣」體用殊絕，上下分離，導引出「道即理」、「道」爲「生物之本」的理本論。〔註92〕他們把理、道作爲宇宙萬物的本原，並認爲道是形而上者，氣是形而下者，二者界限不可混淆。朱熹以「道體器用」、「道本器末」來界說道器關係，吳廷翰吸收程顥、朱熹的「器亦道，道亦器」，「道器不相離」思想，〔註93〕但排斥朱熹的道器分離論：「道體器用」、「道本器末」、「道先器後」。他說：

〔註89〕 參見張立文，《中國哲學範疇精粹叢書──氣》，北京：中國人民大學出版社，1990，頁197。

〔註90〕 參見沙楓，〈吳廷翰唯物主義思想初探〉，甘肅社會科學報，1992年3月，頁33。

〔註91〕 王夫之的道與理之闡發，參見張立文，《中國哲學範疇精粹叢書──道》，台北：漢興書局，1991，頁326。

〔註92〕 參見陳俊民，《張載哲學與關學學派》，頁149。

〔註93〕 朱子：「器亦道，道亦器，有分別而不相離也。」（《朱子語類·卷75》，頁3076。）「道是道理，事事物物皆有個道理；器是形跡，事事物物亦皆有個形跡。有道須有器，有器須有道，物必有則。」（《朱子語類·卷75》，頁3077。）

明道先生曰：「《繫辭》：『形而上者謂之道，形而下者謂之器。』又
曰：『立天之道，曰陰與陽；立地之道，曰柔與剛；立人之道，曰仁
與義。』又曰：『一陰一陽之謂道。』陰陽，亦形而下者也，而曰道
者，唯此語截得上下最分明，原來只此是道，要在人默而識之也。」
又曰：「形而上爲道，形而下爲器。須著如此說：器亦道，道亦器。」
此處論道最精。朱子有曰：「一陰一陽往來不息，即是道之全體。」
此語與明道有相合處。其他則不然，蓋主伊川之說也。(《吉齋漫錄·
卷上》，頁 7。)

有論者指出：程顥以一陰一陽的表現即天道的表現，亦即天道就在一陰一陽
的表現中；形而上即在形而下中，而無實質上的不同，不是於道外有器，器
外有道。他的理、天理、形而上、形而下、道、器或陰陽只是有關存有論的
天道觀的說明，而不是於此外另肯定一超越的意義。此即不於陰陽、形而下
或器之上去肯定一在其上的道或形而上，理或天理。〔註 94〕這詮釋正是吳廷
翰「陰陽即道」的氣本論所認同的，所以他對程顥「器亦道，道亦器」的道
器不離的評論是「此處論道最精」，甚至雖然在道氣論上與朱子見解壁壘分
明，但他認爲朱子「一陰一陽往來不息，即是道之全體」有以陰陽往來爲道
之意，則是與明道相合之處，當然這點也是與他自己相合的。

王廷相：「氣，物之原也。理，氣之具也。器，氣之成也。《易》曰：『形
而上者爲道，形而下者爲器。』然謂之形，以氣言之矣。故曰神與性乃氣所
固有者，此也。」〔註 95〕王以爲無論形而上、形而下皆是在「形」上說，而
「形」正是就氣而言的，宇宙間還是僅有唯一的實體「氣」的存在，無形的
元氣是「物之原」，以其屬性言，則謂之道。器則是「氣之成」，有形體，故
爲形而下者。不論有形、無形，「道寓其中」。吳廷翰就是承繼其「器，氣之
成也」、「然謂之形，以氣言之矣」的觀點發揮爲自己的道器觀。

（一）道器是一形而上下之

二程言：「有形皆器也，無形惟道」〔註 96〕，以無形、有形之分區別道器，
將有形與無形上升至形而上與形而下的本體論高度，而製造了器（陰陽、氣）
世界與道（理）世界的區別。但是二程這個道與氣是相對的觀念世界，尚未

〔註 94〕參見李杜，《中國古代天道思想論》，頁 172。
〔註 95〕（明）王廷相，《慎言·卷 1·道體》，頁 751。
〔註 96〕（宋）程顥、程頤，《河南程氏粹言·卷 1·論道》，頁 1178。

完全割斷形而上與形而下的聯繫，是有別於佛教的。朱子：「設若以有形無形言之，便是物與理相間斷了，所以謂截得分明者，只是上下之間，分別得一個界止分明，器亦道，道亦器，有分別而不相離」〔註97〕，不以有形與無形來區別道器，而以上下來分，就避免了物與理相間斷之弊。〔註98〕吳廷翰吸取這種道器統一不相離的觀念，不以有形與無形來區別道器，但對程朱的道器之分則不爲採納。朱熹有言：「形而上者，無形無影是此理；形而下者，有情有狀是此器」〔註99〕，又言：「蓋太極是理，形而上者；陰陽是氣，形而下者。然理無形，而氣卻有跡」〔註100〕。將理氣二分爲形而上者與形而下者二物，道器亦二分爲形而上者與形而下者二物。吳廷翰對此提出不同觀點，其言：

> 「形而上者謂之道，形而下之者謂之器。」形，即陰陽之成形者。以其上言之則謂之道，以其下言之則謂之器，是一形而上下之。形而下，即是形，非有下也，以對形而上言，故曰下耳。若以有形無形分上下，則是二物，非聖人道器之旨矣。（《吉齋漫錄·卷上》，頁18。）

他認爲「形」是指陰陽之成形者，「形而上」與「形而下」是「一形而上下之」，至於道器的關係如何是「一形而上下之」？他的語意頗難索解，而如何說明「形而上下」問題，就直接關係到能否正確規定「道」的內涵與外延，他這種不以有形、無形區分形而上下的道器觀，與後來的王夫之、戴震有相發之處。戴震說：「一陰一陽流行不已，夫是之謂道而已。……形謂已成形質，形而上猶曰形以前，形而下猶曰形以後。陰陽之未成形質，是謂形而上者也，非形而下明矣」〔註101〕。將形而上下之別，看作是氣在變化過程中形成形體之前之後的分別。這個氣化過程是一個不可分割的統一進程。〔註102〕並不是程頤、朱熹所說，陰陽乃形下之器，而生於既有形質之後。從這種詮釋理路可以來疏解吳廷翰的道器觀，道器之分是氣化的流行與結果，吳是以「形而上之道」爲陰陽之氣尙未化生萬物的本然狀態，是陰陽未成形之氣；「形而下

〔註97〕（宋）朱熹，《朱子語類·卷75》，頁3076。

〔註98〕以上論述參見張立文，《中國哲學範疇發展史——天道篇》，頁408～411。

〔註99〕（宋）朱熹，《朱子語類·卷95》，頁3842～3843。

〔註100〕（宋）朱熹，《朱子語類·卷5》，頁136。

〔註101〕（清）戴震，《戴震集·孟子字義疏證卷中·天道》，台北：里仁書局影印標點本，1980，頁288。

〔註102〕參見張立文，《中國哲學範疇發展史——天道篇》，頁423。

之器」是指陰陽已成形之氣。如此，道與器皆統一於氣，二者是氣的成形與未成形的不同形態而已，是相對的關係，而不是絕對的分離，故不能以有形無形分上下。這與道是形而上無形，器是形而下有形，「以有形無形分上下」之相對不同。將道器都統一於氣，形而上之「道」決不能離開「一氣爲形」而存在，道與器決不是截然分開的兩體，這無形中也是對程朱的「道在器先」、「懸道於器外」的批駁。此又呼應其以氣爲本的思想，與道即氣、理氣爲一的觀念是一脈相承的。此種道器統一論，論者以爲是清初王夫之的「道器一體論」、「天下唯器論」、「無其器則無其道」的理論先聲。〔註 103〕王夫之也曾指出形而上下應以形爲基礎，無形則無形而上下，上下之分乃針對有形而言的。

（二）道者，器所由出；器者，道所自成

吳廷翰不以有形無形言形上形下，道器是一形之上下，是一體而非二物，道器不離，則道不能超於器而存在，因此道支配器亦是不存在的。對於道器的關係，他又進一步解釋，認爲「天地陰陽二氣互相絪縕交密，就是道，陰陽二氣凝聚，就是器，道與器都是陰陽二氣絪縕化醇中的不同層次和狀態。道器相輔相成，不可分離」〔註 104〕。他說：

> 形而上下，以上半截是道，以下半截是器。道者，器所由出；器者，道所自成。天地絪縕是道；萬物化醇是器。乾道變化是道；各正性命是器。形以上有象在，「見乃謂之象」是也。形以下只是形，「形乃謂之器」是也。
>
> 一氣爲形，形而上，無象、有象則皆謂之道矣。道者，物有所由之名也。形而下，流形、成形則皆謂之器矣。〔註 105〕器者，物有所受

〔註 103〕葛榮晉，《王廷相和明代氣學》，頁 303。〈吳廷翰哲學思想初探──兼論吳廷翰和王廷相哲學之比較〉，《江淮論壇》，1986 年第 1 期，頁 94。

〔註 104〕張立文，《中國哲學範疇發展史──天道篇》，頁 418。

〔註 105〕容肇祖《吳廷翰集・吉齋漫錄・卷上》將「一氣爲形，形而上、無象、有象則皆謂之道矣。」斷句爲「一氣爲形，形而上無象，有象則皆謂之道矣。」但從上下文字的脈絡來看，上句與下句「形而下、流形、成形，則皆謂之器矣。」有對應關係，故改爲「形而上，無象、有象則皆謂之道矣。」較合理。再者若是「形而上無象，有象則皆謂之道矣。」其中「有象則皆謂之道矣」之「皆」字義無著落。因此，容肇祖謂「一氣爲形，形而上無象，有象則謂之道矣。」闡述說：因爲「一氣」作爲萬物的本原，當其渾淪未形成萬物時，則是無形象的，當氣形成萬物時，則有形象了，有形象之物再分上下，這就

之名也。由爲道,而所由者非器乎?受爲器,而所受者非道乎?故
曰:「器亦道,道亦器。」(《吉齋漫錄‧卷上》,頁 18。)

亦即一氣之成形者是形,形之「上半截是道」,雖曰道是上半截,但仍是器之
形的上半截,故道仍是器,所以形上之道亦是形下之器。爲何「無象、有象
則皆謂之道」呢?吳廷翰謂「道即氣」,此「道」是本體義相當於張載的太虛、
王廷相的元氣,張載謂:「太虛無形,氣之本體,清通而不可象也。」王廷相
說:「元氣清通無象。」又吳以虛與氣爲一,因此道自身是「無象的」。而道
亦可以是「有象在」,「形以上有象在」則指道是「有象在」的,「天地絪縕」、
「乾道變化」就是道之「象」。所以「有象、無象則皆謂之道」。而「萬物化
醇」、「各正性命」是器之形,又「形以下只是形」,故器只是形而已,又因氣
化成形,器之形有固定、不固定的多樣面貌,所以「流形、成形則皆謂之器」。
道雖「有象、無象」,仍只是一氣,道器之形亦是氣,則道器無體用、本末、
先後之關係。他這種詮釋相較於朱子說:「凡有形有象者,皆器也」〔註106〕
複雜許多。

綜上所論得知:道是未成形之氣(包括有象、無象)氣化流行形成宇宙
萬事萬物的總的趨勢,因有象、無象之道皆由氣而來,故道是「物有所由之
名」;流形、成形之器,皆有所受於氣以爲其體,故器是「物有所受之名」。
無論道或器,都是由「一氣」所生,是一個事物的兩個方面,是氣之成形與
未成形之分,二者是相對的關係,而不是絕對的分離,道是「器所由出」、「物
有所由之名」;器是「道所自成」、「物有所受之名」。以「由」、「受」說明道
器的關係,道是器之所由,器是道之所成。道是氣化爲物的規律,道固然是
「物所由之名」,器雖受於道而來,但沒有了具體之「器」,抽象之「道」又
有何存在意義呢?因此,道支配器,而器是道的基礎,兩者關係始終不相分
離,都是統一於「氣」上,故「器亦道,道亦器」,可以說:道與器的關係,
只是一氣之「隨處異名」,實則「不容分別」爲二事、二物。〔註107〕當道是氣
化流行運動變化的規律時,道是從屬於氣的,道與理一樣都失去了本體義。

日本學者湯淺太雄對於「形而上者謂之道,形而下之者謂之器」的探討
提出這樣的看法:

是道器。所以說「形以上有象在」「是象」,「形以下只是形」「是器」。這段論
述是可議的。

〔註106〕 (宋)朱熹,《朱文公文集‧卷36‧答陸子靜第五書》,頁13。
〔註107〕 王俊彥,〈吳廷翰「以氣即理,以性即氣」的思想〉,頁70。

> 「形而上者」、「形而下者」不以有形、無形分別，是因爲「道」與「器」
> 原本就結爲一體，不能拆開來思考的緣故。因此它就不會形成像基督
> 教那樣把超越者（神）及現實世界明確區分的二元論。〔註108〕

誠如所論，則吳廷翰不以有形、無形區分道與器的觀點，與他不將「理」、「道」視爲形上的超越者是一致的。他立足於氣本論上，試圖泯除理（道）與氣、道與器、形上與形下二分的關係，這些觀點承前羅欽順與王廷相所論而有所發揮，後有王夫之、戴震相繼發揚，而更臻成熟。不過羅欽順、王廷相、王夫之等人多是從社會倫理道德方面解釋道器的關係，他們把道器的範疇發展爲客觀論，同理氣關係是同一層次的。〔註109〕吳廷翰在這一方面的闡發偏重於從氣本論的立場，客觀地分析道器的關係，尚未具體地從社會倫理道德的層次來說解，因此，語意有些渾淪難解，缺乏深刻的闡明，我們只能試從前後人相近的理路去推論其意旨，但是可以肯定的是他的道器觀相較於前人是推進的。

吳廷翰「氣爲萬物之祖」的氣本論主張，氣才是眞正最高的本體，在他氣本論下的「理」、「道」具有二重性的意義。一方面，他針對程朱理氣二分、理先氣後之說，他提出「理氣一物」、「氣之爲理」、「以氣即理」，目的在將程朱視爲形下之氣上升到與形上之理一樣都是第一位階；另一方面，他又指出「理即氣之條理」、「理也者，氣得其理之名」、「氣之凝聚、造作，即是理」，這樣理只是氣的條理與規律性，理是從屬於氣的，氣才是第一性。「道」與「氣」的關係也是一樣，他反對程朱「所以陰陽是道」、「以道爲理」，道氣分言，而提出「氣即道，道即氣」、「陰陽即道」，氣與道同屬於同一層次，表面上道氣是一，無體用、理質等分別，亦無形上形下的分別，但是道是指「氣得其理」而言，道是氣之道，道也是從屬於氣的。在氣本論下，理（道）與氣、道與器、形上與形下是隨處異名，但當理與道失落了本體義時，吳廷翰的氣本論表現了對客觀事物的認識的重視，這意義是值得肯定的。

〔註108〕（日）湯淺太雄，〈「氣之身體觀」在東亞哲學與科學中的探討〉，見於楊儒賓主編，《中國古代思想中的氣論與身體觀》，台北：巨流圖書公司，1993，頁64。

〔註109〕參見蒙培元，《理學範疇系統》，北京：人民出版社，1989，頁47。

第三章　心性論

　　吳廷翰的心性論與其氣本論有密切關聯，他以氣為天地萬物之祖，不僅在本體論上將太極、陰陽、道、理統合為一氣，於心性論上也以氣來論性言心。他主張「性即是氣」，有別於朱子的「性即理」的理本論、陽明「心即性即理」的心本論下的心性論，表現了以氣論性的特點。而在氣本論下的人性論，也使他對於孔子、孟子、告子、程顥等前人人性論的闡發有另類的思考。以下試就其以氣為本的理路，探討他在心性論上的主張。除了氣與心、性的關係外，也從以氣論性言心的特點出發，梳理出他對於宋明儒心性論上向來頻加論述的天地之性與氣質之性、心統性情說、道心與人心、天理與人欲等主題的見解，並藉以窺得他人性論的內容與意涵。

第一節　性即是氣，性之名生於人之有生

　　朱子在理本論的進路下，以為天地之間有理有氣，「人、物之生，必稟此理然後有性；必稟此氣然後有形」〔註1〕。人物的產生是稟受天地之理為性，以天地之氣為形體，其性是理之性，而氣的作用使人物成形，這和理氣先後關係相應。至於性與氣的關係，雖然他主張「性、氣二字兼言，方備」〔註2〕，但朱子兼言性氣是以性氣相分為前提的，「人之有生，性與氣合而已，然即其已合而析言之，則性主於理而無形，氣主於形而有質」〔註3〕，人是性、氣和合而成，性主於理且無形，是形而上；氣主於形且有質，是形而下。因此，

〔註1〕　（宋）朱熹，《朱文公文集・卷58・答黃道夫》，頁5。
〔註2〕　（宋）朱熹，《朱子語類・卷59》，頁2204。
〔註3〕　（宋）朱熹，《朱文公文集・卷44・答蔡季通》，頁2。

正如他的理氣二分，性自是性，氣自是氣，二者不相混雜；性是本原，氣是派生，至少在邏輯上性先氣後。

而在羅欽順、王廷相與吳廷翰的氣本思想下，他們在性與氣的關係上是不同於朱子的。羅欽順主張性爲陰陽之理，「凡賦形於兩間者，同一陰陽之氣以成形，同一陰陽之理以爲性」〔註4〕。也就是說，性是由陰陽之氣所產生的事物本身所具有的屬性及規律，性最終從屬於氣。〔註5〕王廷相反對朱子離氣言理，又以離氣之理言性，他認爲性出於氣，不可離氣言性，「性與氣相資，而有不得相離者也」〔註6〕。羅、王二人皆表現以氣論性的立場。至於吳廷翰以氣論性的立場亦是鮮明，他除了吸取王廷相「性生於氣」〔註7〕的論點外，又受他的外祖父張綸的啓發，而有將性與氣統一起來的說法〔註8〕，以下試加探討。

一、性即是氣

吳廷翰在其氣本的理路下，與羅、王一致皆以氣論性，甚至明言「性即是氣」，把性視爲氣中一物，即氣之條理，並以性爲氣。其以氣論性的立場又有過於羅欽順與王廷相之處。他以氣論性有「氣以成性」、「性即是氣」的特點，茲分述於下：

（一）氣以成性

吳廷翰視氣爲天地萬物之祖，不僅將道與氣統一於氣上，在性與氣的關係上，他認爲氣「爲天地人物之所生成則謂之性，成之者性是也」、「成之之性，爲陰陽之氣之所成亦明矣」。〔註9〕亦就是從氣本論來論性的形成，提出

〔註4〕（明）羅欽順，《困知記・續卷上・11》，頁55。

〔註5〕張立文主編，《中國哲學範疇精粹叢書——性》，台北：七略出版社，1997，頁258。

〔註6〕（明）王廷相，《王氏家藏集・卷28・答薛君采論性書》，頁518。

〔註7〕（明）王廷相：「性生於氣，萬物皆然，宋儒只爲了強成孟子性善之說，故離氣而論性，使性之不明於後世。……後之學者，梏於朱子本然氣質二性之說，而不致思，悲哉！」（《雅述・上篇》，頁837。）

〔註8〕張綸著有《林泉隨筆》一卷（見《明史・藝文志》子部小說類），文中有：「氣則養性，性則乘氣。氣存則性存，性動則氣動。」吳廷翰讀了有「此先生之所獨見」的讚嘆（參見《吳廷翰集・文集・卷上》，頁271。）容肇祖於〈吳廷翰的哲學思想概述〉中認爲「這就啓發了吳廷翰把性與氣統一起來的說法。」（見《吳廷翰集》，頁2。）

〔註9〕（明）吳廷翰，《吉齋漫錄・卷上》，頁5、23。

「氣以成性」〔註 10〕，認爲性的形成是由氣而來，也可以說人之所以生之氣爲性之本。他又有言：

> 蓋人之有生，一氣而已。朕兆之初，天地靈秀之氣孕於無形，乃性之本。（《吉齋漫錄・卷上》，頁 27～28。）

> 蓋天之生人，已有此性也。性成而形，雖形亦性。然不過一氣而已。其氣凝而有體質者，則爲人之形，凝而有條理者，則爲人之性。（《吉齋漫錄・卷上》，頁 24。）

以上表明人因氣而有生，而無形的天地靈秀之氣是人性的本原，不僅性是陰陽之氣所形成的，形體亦是氣的作用而形成的。他又進一步說明氣凝而有體質是人形，氣凝而有條理是人性，將人之形、性統一於「一氣」上，故此形也是性。這與朱子主張：「人、物皆稟天地之理以爲性，皆受天地之氣以爲形」、「未有此氣，已有此性。氣有不存，性卻常在，雖其方在氣中，然氣自氣，性自性，亦自不相夾雜」。〔註 11〕視人的性是從「理」來的，形是從「氣」而來，性又先於氣的觀點不同，這差異也是理本論與氣本論立足點不同所致。

　　他主張氣的凝聚、造作就是理，提出「理即氣之條理」、「理氣爲一物」，理是氣的條理或規律性，理從屬於氣，而非在氣外。因此，他有「氣即理」的論點來反對程朱理氣二分。他又從性成於氣的觀點出發，有「性即氣」的論調來反對程朱「性即理」的主張。他甚至明白表示自己和程朱的最大不同處就在於「以氣即理」、「以性即氣」，他不僅認爲理與氣、陰陽與氣、太極與氣、虛與氣、道與氣等都是不可分割的，就連性與氣也是一物，這也揭示他以氣論性的鮮明立場。在理氣爲一的基礎上，他批評朱子理先氣後的「性即理」說：

> 然其曰：「有是理而後有是氣。但氣之清者爲聖賢，如寶珠在清水中；氣之濁者爲愚，如珠在濁水中。」又曰：「人性如團火，煻在灰裏，撥開便明。」亦分明把作二物。若如予說，則氣之凝聚、造作，即是理；水清、水濁，即是性。如布喚作布，其絲縷、經緯錯綜，則是理；如樹喚作樹，其根株、枝幹、花實，則是理。故言布則即布是性，言樹則即樹是性。若曰所以爲布，所以爲樹，乃爲理、爲性，則教人於布之外、樹之上尋理、尋性，哪裏去討？推其類，必有超

〔註10〕　（明）吳廷翰，《吉齋漫錄・卷上》，頁 39。
〔註11〕　（宋）朱熹，《朱子語類・卷 4》，頁 91、《朱文公文集・卷 46・答劉叔文》，頁 25。

　　然一物立於天地之先以爲理，爍然一物懸於形氣之上以爲性，終屬
　　恍惚，終屬意見，近於異説矣。(《吉齋漫錄・卷上》，頁 34。)

他主張理是氣的凝聚、造作，性是氣凝而有條理者，以爲程朱一派的「性即
理也」，「以理爲性」的說法，是把理、性與氣視爲「二物」，是於物之外之上
求理尋性，這種於形氣之上設立一個東西爲性，其實是恍惚不實的意見。反
對將理立於天地之先，性懸於形氣之上，這與王廷相將性即理斥爲「謬幽之
論」是相承的〔註12〕。

（二）性即是氣

　　張綸主張「氣則養性，性則乘氣。氣存則性存，性動則氣動」，認爲性與
氣二者不能分開。吳廷翰承自外祖父張綸的啓發，在性氣的關係上，他更強
調在氣的基礎之上，性氣爲一。再者承上所說，氣凝而有條理才是性，而氣
之條理也是氣固有的屬性，因此可將性視爲氣。他明白地提出「性即是氣」、
「性氣一物」，此種性氣合一論將性與氣的關係更緊密結合，是高過於羅、王
對性氣的看法的。他的「性即是氣」多少受程顥「性即氣，氣即性」之說的
啓發，但他反對「論性不論氣不備，論氣不論性不明，二之則不是」之說，
甚至質疑「論性不論氣不備」三言並非程顥所言〔註13〕，因爲「論性不論氣，
論氣不論性」是「以性爲理，以氣爲氣」，是理氣二分而以致於性氣二分，這
與「性即氣，氣即性」是不一致的。〔註14〕他從「性氣一物」的觀點，批評
「論性不論氣不備」之說：

　　若知性氣一物，則論性即是論氣，論氣即是論性矣。若謂「論性不
　　論氣」，是謂不以氣論性也；謂「論氣不論性」，是不以性論氣，可
　　乎？然不以氣論性，則不知所以爲性，正是不明：只以氣論性，不
　　分人物偏全，亦是未明處。今乃分未備、未明，則愚猶未能解也。(《吉
　　齋漫錄・卷上》，頁 25～26。)

「論性不論氣不備，論氣不論性不明，二之則不是」，蓋未達之論。

〔註12〕 （明）王廷相，《王氏家藏集・卷28・答薛君采論性書》，頁 518。
〔註13〕 此文編於《程氏遺書》卷六之中，標明「二先生語」，或可作程頤語，或可作
　　　　程顥語。《宋元學案》將「論性不論氣不備，論氣不論性不明」編入〈伊川學
　　　　案〉；將「性即氣，氣即性」編入〈明道學案〉。
〔註14〕 吳廷翰說：「『論性不論氣』三言，此正以性爲理，以氣爲氣之說，非明道之
　　　　言。蓋明道云：『性即氣，氣即性。』今謂『論性不論氣，論氣不論性』，明
　　　　是兩言。」(《吉齋漫錄・卷上》，頁 25。)

性即是氣，論性即是論氣；氣即是性，論氣即是論性。而以爲不明、
不備，其失在於以性爲理、氣爲氣，而不肯以性爲氣，故其言若是，
安在其不二之也？（《吉齋漫錄・卷上》，頁 29。）

廷翰斥「論性不論氣不備，論氣不論性不明，二之則不是」爲未達之論，此
論點與王廷相稱讚程顥此觀點「於性極爲明盡」〔註15〕不同。吳認爲性從氣
出，不以氣論性，是不明氣是性之所以生者，而且性氣一物，論性即是論氣，
論氣即是論性。其實，程顥「性即氣，氣即性」中的「即」不是概念斷定的
陳述語，而是「關聯語」，程顥只不過是將性與氣裹滾在一起說，〔註16〕他所
謂的性與氣仍是異質性絕然相反之二物。唐君毅就曾指出：程顥「性即氣，
氣即性」渾合說，並非不分性與氣，而這只可以說是他「重性之貫徹於氣」
之證。〔註17〕而吳廷翰在氣本的進路下，氣爲宇宙萬事萬物生成的本原，故
天地萬物之性無不稟受此氣而爲其本性，亦即氣爲本體者，化生形下有形體
之人物而又內貫於人物之中爲其本性，故性生於氣，氣爲性之本，即「性氣
一物」。〔註18〕他的「性氣一物」是在氣本論的前提下而言，一如「理氣爲一
物」是針對程朱理氣二分，「性氣一物」就是針對「以性爲理，以氣爲氣」的
性氣二分而來的，其「性氣一物」不分形上形下，但論其先後則是氣先於性，
這是他與程顥「性即氣，氣即性」之說相異之處。

二、以生言性

　　吳廷翰對史上眾說紛紜的性論中，有取於告子「生之謂性」和程顥「『生
之謂性』，性即氣，氣即性，生之謂也」之論，除以氣論性，主張「性即是氣」
外，並且以生言性，藉以說明人性的產生。在此，本文透過他對告子與孟子論

〔註15〕（明）王廷相，《雅述・上篇》，頁 837。
〔註16〕此論點參見張德麟，《程明道思想研究》，台灣學生書局，1986，頁 90。另外
　　　　楊儒賓也有類似的意見，他認爲程顥以及張載語言中的「Ｘ 即 Ｙ」的「即」
　　　　字是圓融的「即」，是形上貫穿形下、世界登法界的「即」，而不是可以從形
　　　　下者抽離出來的屬性的、述詞的「即」字。他又指出：「兩種異質性的人性圓
　　　　融地、境界地同一之『即』」與「經驗性的人性論述引出來的另一種人性之
　　　　『即』」，兩者其實大相逕庭──不管兩者在語言上多接近，也不管後者如何
　　　　讚揚前者，甚至以前者爲師。（見《儒家身體觀》，中央研究院中國文哲研究
　　　　所籌備處，1996，頁 353。）
〔註17〕唐君毅，《中國哲學原論原性篇──中國哲學中人性思想之發展》，台北：臺
　　　　灣學生書局，1989，頁 428。
〔註18〕參見陳正宜，《羅欽順理學思想之研究》，頁 182、183。

辯「生之謂性」的批評，以及對程顥論性之旨的肯定，辨析其「以生言性」的意涵。

（一）無生則無性

吳廷翰在氣本的思路下，認為人為氣所化生，而氣「為天地人物之所生成則謂之性」，氣創生人物之形體，且流行下貫於人物之中而為其本性，因此，人之性與氣有關，氣為本體者，人有氣而生，生而後有性。對於性的產生問題，他說：

> 蓋性即是氣，性之名生於人之有生。人之未生，性不可名。（《吉齋漫錄・卷上》，頁 28。）

> 性者，人物之所以生，無生則無性。以生言性，性之本旨。（《吉齋漫錄・卷上》，頁 29。）

「人物之所以生」是性，也是氣的作用，從本原上說「性即是氣」。再者，這裡說性即是氣，就其實質而言，性不是超乎形氣之上的懸空之理，無氣則無性，性必立於氣之上；說性是生，是就其產生而言，「人之未生，性不可名」、「無生則無性」，直接而鮮明地表達人未氣化而生之前，人性是不存在的見解。〔註 19〕因此，未生之前的「天地之性」也是不存在的，性就不必分天地之性與氣質之性，這與他「凡言性也者，即是氣質」的論點是一貫的。

廷翰「以生言性」重在強調性的與氣關係，藉以說明性的產生。此外，他並且重視人性與物性之別，有論者闡釋其意義是放在人不同於其他生物族類的全部豐富性上來認識「性」，這是從生命的本質來認識性，生與性的關係是「生者，人之性也。性者，人之所以生也。」性是生命的根據，生命是性的展開，人性是人之為人的本質，人性決定了人後天的一切，從形體活動到精神世界，這具有很強烈的生命本體論的意味。〔註20〕這意義是不容忽視的，不可將其「以生言性」論直接等同於告子純就人的知覺運動等生物事實以言性。

（二）對告子、程顥「生之謂性」的論辯

1. 對告子「生之謂性」的論辯

告子以「生之謂性」論性，現今我們可於《孟子・告子上》見孟子對告子性論的批駁，吳廷翰對於這段論辯有諸多闡發，他認為「無生則無性」、「以

〔註19〕參見袁爾鉅，《吳廷翰哲學思想》，頁 68。
〔註20〕參見張學智，《明代哲學史》，頁 370、371。

生言性，性之本旨」，肯定性是在有生之後才產生的。告子以「生之謂性」論性，這以生論性的觀點正是廷翰所認同的。

雖然告子在與孟子的論辯中是居下風的，但吳廷翰從以生論性來看告子「生之謂性」是「語是而意非」、「未嘗不是」、「未可以是責其不明也」，〔註21〕他又說程顥論性有取於告子之言是「因其言之可以明性而不欲廢之」、「用其言而反其意」。〔註22〕也就是說，告子「生之謂性」之語是可以明性之旨的。不過，他以為「人物之生，受氣不同，則人有人之生，物有物之生，豈皆同乎？」指出告子根本的錯誤是「以杞柳、湍水言性，蓋指氣之偏且惡者為之」、「以氣論性，不知人物有偏全」，也就是說，告子忽略了氣有偏全之別，只論了人作為動物，與動物的共性，而沒有區別人之所以為人的特殊性，意即缺乏人性與物性的分別。告子之說會使人「將以性為惡、為偏、為在外、為與物同，而人類化為禽獸矣。」而孟子正是從這個漏洞來攻擊他的。事實上，告子的觀點不能說不對，只不過被孟子強壓下來，未及將自己的意見詳細申述。他擷取告子「生之謂性」的指生為性的意義，認為孟子能懾服告子就在於以「形色天性與口之於味二處互明」〔註23〕。否則「告子指生為性，若得真見，則與孔子相近之旨無異。」

他評論孟子的論述是「義明而語猶未究」，孟子的義明在於他主張性善，揭示了道德的內在根據，使人「皆以性為善、為真實、為在內、為與物異，而仁義之道明，人類不至於禽獸」。這也是孟子性善之說功大於告子之處。孟子未究不備之處是：「性之本雖善，而氣之所為則亦有不善者；其發雖善，而流之所弊則亦有不善者。故曰：『若夫不善非才之罪也。』然而以為非性則不可。」孟子性善只說「繼之者善」，而未言及「成之者性」。所謂「成之者性」是指「為陰陽之氣所成」之性，然而孟子言「性善」雖是「義明」，卻離氣言性，言性不言氣，其性善論根本不涉形氣，忽略氣在屈伸往來之中有雜揉不齊，紛紜乖誤，氣的發用、流弊有不善處，所以他認為孟子的性善論是「義明而語猶未究」。〔註24〕

〔註21〕（明）吳廷翰，《吉齋漫錄·卷上》，頁30、26。
〔註22〕（明）吳廷翰，《吉齋漫錄·卷上》，頁30。
〔註23〕「形色天性與口之於味二處互明」這點是他要提醒孟子的地方，也是他自己與告子「生之謂性」不同之處，他是不同意純就人的知覺運動等生物事實以言性的。
〔註24〕以上引文、論述俱見《吉齋漫錄·卷上》，頁29、30。

2. 對程顥「生之謂性」的論辯

雖然吳廷翰直斥「論性不論氣不備，論氣不論性不明，二之則不是」是未達之論，但對於程顥論性有取於告子「生之謂性」之說則持肯定之看法，他說：

> 明道曰：「天地之大德曰生。天地絪縕，萬物化醇。『生之謂性』，告子此言是；而謂『犬之性猶牛之性，牛之性猶人之性』，則非也。」……可與言性矣。（《吉齋漫錄·卷上》，頁 39。）

程顥對性的看法可說是直接來自《中庸》「天命之謂性」，性是天所「命」，即天賦的，亦即生而自然具有的，因而他肯定告子「生之謂性」的說法，〔註25〕承認天地所生萬物都具有共同的一本之性。但告子卻未能在一本之性的基礎上，分別出事物的具體屬性，只道性一般，未言分殊，故程顥又加以批評。〔註26〕廷翰對於程顥的這些見解是肯定的，尤其「天地絪縕，萬物化醇」之說有氣化的作用，意謂天地之氣纏綿交結而化生萬物，此正與吳廷翰所主的氣本論不謀而合，他不僅說可與明道言性，甚至從程顥有以氣釋性的跡象，推崇地說「論性之旨，唯明道先生為至」〔註27〕。誠如論者所指：「程顥以天然為性，天然乃自生而有，故主張生之謂性。但是他雖說『生之謂性』，並不是犯孟子所指責告子的缺點，實則生雖同是一生，而生之所成則不同」〔註28〕。換言之，也可以說吳廷翰與程顥所說的「生之謂性」雖同為一生，實則生之所成則不同，前者以「氣」為生之所成，後者則是以「理」為生之所成。而他們對告子的批評焦點也同是指告子未區別人物的殊性。此外，他們皆取告子「生之謂性」，承認性是生而自然具有的，但是吳廷翰「以生言性」，生之性實蘊涵道德潛能，除生物本能之性外，「形色天性與口之於味二處互明」，性應蘊涵道德之性。他又以性可以生心，「心者，性之所生」，其性應也蘊涵了生，可以萌發道德之端。〔註29〕他以氣言生言性，並不是純粹以自然生命看人性，他還是重視人性的道德一面。「以生言性」肯定自然生命的追求與滿足，但並不是就否定道德生命的價值，自然生命與道德生命兩者是相互依存、

〔註25〕 參見陳來，《宋明理學》，台北：洪葉文化事業有限公司，頁 69。

〔註26〕 張立文主編，《中國哲學範疇精粹叢書——性》，台北：七略出版社，1997，頁 200。

〔註27〕 （明）吳廷翰，《吉齋漫錄·卷上》，頁 26。

〔註28〕 參見羅光，《中國哲學思想史宋代篇（上冊）》，台北：台灣學生書局，頁 360。

〔註29〕 這性可以生心，也可以萌發道德之端的思路，參見成中英，〈原性與圓性——論性即理與心即理的分疏與融合問題，兼論心性哲學的發展前景〉，收錄於《東亞文化的探索》，台北：正中書局，1996，頁 223～251。

彼此成全，不忽略自然生命的安頓，也重視道德生命的成全，所以他認為「民生有欲」、「人欲不在天理之外」，既肯定人欲的正當，又主張人欲不可縱。

三、凡言性也者，即是氣質

「天地之性」與「氣質之性」說始於張載，他認為太虛是氣本然無形的狀態，無形的氣聚為有形的人，則人性既源自太虛者稱為「天地之性」；來自由氣聚成，各自殊異的形質者稱為「氣質之性」。可以說，其「天地之性」是氣所固有之本性，是氣之本然的總一的性；「氣質之性」是氣聚成特殊形體而後有之性，是氣後起的分殊的性，二者實都是氣的性。〔註30〕而吳廷翰的氣與神、虛與氣一貫的看法，意在弭合張載「太虛即氣」的裂縫，杜絕程朱「理氣二分」的依據，貫通到心性論上，「天地之性」與「氣質之性」既然都是氣的性，自然「天地之性」與「氣質之性」的二分是不必要的。吳廷翰立足於「性即氣即生」的觀點上，與羅欽順、王廷相的心性思想上有共同的看法，都取消了張載與程朱所謂「天地之性」與「氣質之性」的二分，提出性只是「氣質之性」的觀點。又程朱本於理氣之分，論「天地之性」為理，「氣質之性」為理氣合，更是與他「理氣為一物」的氣本論相背；那性在氣先的「天地之性」，也與他性在氣後的主張相左，他只承認性在氣中的「氣質之性」。不過，他與程朱所說的「氣質之性」是不同的。他認為人由氣而生，稟氣而成，人生而後有性，所以講性不能離開氣和生而空談性，那超乎形氣之上的天地之性是不存在的。他將「天地之性」納入氣的範疇中，他說：

> 夫天地生人，一氣而已。謂「民受天地之中以生」，蓋「中」即此氣，即天地之性之所在也。以其全得不偏而言，故謂之「中」；以其不雜而言，謂之「善」，即「繼之」之「善」；以其為有生而言，謂之「性」，即「成之」之「性」。（《吉齋漫錄·卷上》，頁39。）

在這裡他所指涉的「天地之性」是人稟受天地的「中」氣而生的，它是得氣之全、不偏不雜，是善的，也是「氣以成性」的性，並沒有與「氣質之性」對舉的意味，更不是程朱式的「天地之性」。他不贊同的是那種超乎形氣之上的「天地之性」，他在這裡所謂的「天地之性」是稟氣而來的，氣本身就具有偏全、厚薄、多寡，不必分本然之氣與氣稟之氣（即太虛之氣與一般之氣），也就無「天地之性」與「氣質之性」的二分。而他主張人皆是「受天地之中」

〔註30〕宇同（張岱年），《中國哲學問題史》，台北：彙文堂出版社，1987，頁230。

而生的，物是受「天地之不中」而生，性兼人性與物性，在此他以爲「天地之性」是無法概括人性與物性，而「氣以成性」，「性本是氣」，性的偏全、厚薄、多寡是稟氣而來，所以以「氣質」稱性更爲直接。他明白地表達「凡言性，則已屬之人物，即是氣質」〔註31〕，認爲言人物之性不能離開氣，氣即是氣質，並無得之於「理」的「天地之性」。這與他反對理氣之分，認爲理爲氣之條理是一致的。

他又提出孔孟沒有「天地之性」與「氣質之性」的說法，批評將人性二分者說：

> ……「相近」、「相遠」，其義如此。論性者不得其故，又恐二於孟子性善之說，遂以此兼氣質而言。夫性本是氣，而曰兼之，則性實何物乎？（《吉齋漫錄・卷上》，頁24。）

> 蓋性即是氣，性之名生於人之有生。人之未生，性不可名。既名爲性，即已是氣，又焉有「氣質」之名乎？既無「氣質之性」，又焉有「天地之性」乎？蓋緣孟子言「性善」，夫子言「相近」，求之不得，故以「善」爲「天地之性」，「相近」爲「氣質之性」，以要其同，而不知其反異也。性一而已，而有二乎？（《吉齋漫錄・卷上》，頁28～29。）

程朱謂天地之性是指理，是至善的，完美無缺的。而氣質之性是理氣相雜而成，有善惡、剛柔、厚薄、清濁等差殊。以「天地之性」符應孟子的性善之旨，「氣質之性」表明現實經驗上惡的來源。程朱的「天地之性」與「氣質之性」是建立在理一元論的基礎上的，以氣質中之理爲性；而張載則是建立在氣一元論的基礎之上，以氣質爲性。吳廷翰與羅欽順、王廷相都反對離氣言性，他們繼承張載以氣釋性的路線，但拋開「天地之性」的說法。吳廷翰評斷論性兼氣質者，亦即在「氣質之性」外，強出「天地之性」者，是恐言性與孟子性善之說不同而來，才要以「天地之性」來附會孟子性善之旨。他甚至認爲性即是氣，言性即是氣質，性是一本的，不必再安上「氣質」二字，就不會把性二分爲氣質之性與天地之性。

他在說明「性之爲『氣質』」這個命題上，引述孟子所說的：「口之於味也，目之於色也，耳之於聲有，鼻之於臭也，四肢之爲安佚也，性也，有命焉，君子不謂性也。仁之於父子也，義之於君臣也，禮之於賓主也，知之於賢者也，聖人之於天道也，命也，有性焉，君子不謂命也。」來批駁程朱說：

〔註31〕 （明）吳廷翰，《吉齋漫錄・卷上》，頁25。

由此言之，耳目之類，雖曰氣質，而皆天地所生；仁義之類，雖曰
天命，而皆氣質所成。若曰仁義之類不生於氣質，則耳目之類不生
於天地，有是理乎？故凡言性也者，即是「氣質」。若説有「氣質之
性」。則性有不是「氣質」者乎？（《吉齋漫錄・卷上》，頁 29。）

雖然稱引孟子的話，但他實際上是立足於他自己的性氣一物的觀點，反對將
耳目之類視爲氣質之性，以及將仁義之類視爲天地之性。性即是氣，不必將
性一分爲二。另外，在此必須明辨的是：吳廷翰雖然提示「性之爲『氣質』」、
「凡言性也者，即是『氣質』，以「氣質」一詞言性，但他的「氣質」一語，
與羅欽順一樣，都沒有帶著朱子所謂的氣質那麼強烈的負面色彩〔註32〕。他
雖不贊同「天地之性」之詞，但實質上並未加以排除於性外，「人受天地之中」、
「仁義禮智性之實體」就是天地之性之所在的證明，他所反對的是程朱那種
自立於氣外的「天地之性」。

第二節　心生於性

吳廷翰以氣爲本，來闡發氣與道、陰陽、太虛、太極、理、心、性等哲
學範疇之關係。以爲天地、陰陽、心性等一切皆爲一氣之所生。他駁斥張載：
「由太虛有天之名，由氣化有道之名，合虛與氣有性之名，合性與知覺有心
之名」，是虛與氣二分，未免流於理氣二分之失，因此提出説：「虛實也，聚
散也，皆氣也。其曰天、曰道、曰性、曰心，皆此一物，隨處異名，不容分
別」〔註33〕。在心性論上，他以氣言性與心，在心與性的關係上，吳廷翰強
調二者的區分。「心、性字，似一而二。今人知其一而不知其二，所以爲學易
差」〔註34〕，雖然他主張心性不離，反對離性言心，但他強調心性的分辨，
認爲心性「似一而二」，心、性不是一物，甚至提出「心生於性」。這與張載、
朱熹「心統性情」説以「心」主宰「性」不同，而他所強調的心性之辨又與
佛教「明心見性」、陸王「心即性」相抵牾，因此他對於以上學說有許多的論
辯與批評。上文已論述性與氣的關係，以下論述則著重於辨析心與性以及心
與氣的關係，並且闡發其人心與道心、天理與人欲的觀點，再進一步探討他
在心性論上對佛教、程朱、陸王的批評。

〔註32〕關於羅欽順「氣質」一語的評論，見劉又銘，《理在氣中》，頁 34。
〔註33〕（明）吳廷翰，《吉齋漫錄・卷上》，頁 18、頁 19。
〔註34〕（明）吳廷翰，《吉齋漫錄・卷上》，頁 35。

一、心性之辨

（一）心者，性之所生

　　吳廷翰「性即是氣，性之名生於人之有生」，言人之性與氣有關，氣爲本體者，人有氣而生，生而後有性。「心者，性之所生」，言心與性是心生於性，因此從產生的過程來看，則是：氣→生→性→心，氣是人的生命基礎，人從受氣化生而形凝，他的形體結構、象貌特徵，乃至精神活動，皆歸根於氣的作用。可以說氣範圍生命，生命範圍人性，人性又範圍人心。他說：

> 及其（氣）生人，則人得之以爲有生之本，而形色、象貌、精神、魂魄，皆其所爲，而心則全體之所在，故謂之性。性，從心從生，人心之所以生也。（《吉齋漫錄・卷上》，頁 28。）

不僅從氣本論人之生、性、心，指出氣凝而爲人的形貌精魂，心即人形貌精魂的所在，更素樸地從「性」字的文字結構論心與性的關係，以生論性亦論心。又在他以爲道、理、太極、性、心皆只一氣的觀點下，不能離開氣而談心、性，亦不能離開性而講心，因此心與性「遂若無所別」。他說：

> 性者，生乎心而根於心者也。人之初生，得氣以爲生之之本，……性爲之本，而外焉者形，內焉者心，皆從此生。是形與心皆以性生。但心之得氣爲先，其虛靈知覺，又性之所以神明，而獨爲大體，非眾形所得而比也，然與性並言，則不能無先後大小耳。但心之初生，由性而有，及其既成，性乃在焉。則心性遂若無所別矣。（《吉齋漫錄・卷上》，頁 23。）

他指出性與心的關係是性生心又以心爲根本〔註 35〕，氣凝而爲人的形貌精魂，心即人形貌精魂的所在，又性之所以神明是因心的靈明知覺，心之虛靈知覺非眾形所得而比，故心「獨爲大體」。但心涉形氣而有限，則雖稱爲大體，與無內外之性相較，仍不能「無先後大小」的分別。「心者，性之所生，而性在焉」，心生於性，又以性爲其價值條理之本，所以說：「心之初生，由性而有，及其既成，性乃在焉」〔註 36〕。就產生的過程而言，心由性而有，心成

〔註 35〕廷翰言：「性者，生乎心而根於心者也。」之「生乎心」不可解爲「生於心」，否則與他所言的「心生於性」相矛盾，另外，他又有「而謂朝廷統乎人君，可乎」一語，此「統乎」應是「統」意，明顯地不是今人所謂「統乎」（統於）之意，可見這是他個人的用語習慣，用於動詞後的「乎」是助詞而非介詞。所以「性者，生乎心而根於心者也。」只是「性生心」之意。

〔註 36〕（明）吳廷翰，《吉齋漫錄・卷上》，頁 23。

性乃在，如此性先心後，性大心次之。〔註37〕在氣本之下，心性若無別，實則彼此仍有不同，其不同就在他以性即是氣，從性氣同為人之所以生的根據來解釋「心生於性」。

（二）知覺運動是心，而所以生之者是性

在吳廷翰氣本的理路下，心是由氣組成的，可以認為，心所具有的各種各樣的作用，是由氣發出的。在心與氣的關係上，他說：「人生而有心，是氣之靈覺，其靈覺而有條理處是性」〔註38〕。可知，心是氣具有的虛靈知覺的屬性，而靈覺之氣有條理處是性。從心的虛靈知覺的活動看氣、性、生、心的關係，是「知覺運動是心，而所以生之者是性」〔註39〕，他在「氣以成性」的觀點下說心：

> 人之初生，得氣以為生之之本，純粹精一，其名曰性，性為之本，而外焉者形，內焉者心，皆從此生。是形與心皆以性生。（《吉齋漫錄‧卷上》，頁 23。）

> 氣以成性，而內焉則為人之心，外焉則為人之體。體者氣之充，而心者氣之靈，豈有二乎哉？（《吉齋漫錄‧卷上》，頁 39。）

人得氣而生，氣內貫為人之性，人之初生即自具有純粹精一的氣性，人一身之內為氣之靈明知覺的心，外為氣充為體質的形，故氣為性之本，性又可以為人生之之本，形、心、性同為氣出，又形與心皆以性生。因此，形體與心皆從性生，而不在性外，心怎能統性呢？這也是他反對「心統性情」說的依據。

在「知覺運動是心，而所以生之者是性」意義下，他在心性之辨上不斷表述說：

> 心者，生道也；性者，心之所以生也。知覺運動，心之靈明，其實性所出也。無性則無知覺運動，無知覺運動則亦無心矣。（《吉齋漫錄‧卷上》，頁 28。）

> 心者，性之所生，而性在焉；虛靈知覺，皆性之所為也。（《吉齋漫錄‧卷上》，頁 31。）

指出「人和天地萬物形成之初，宇宙中充滿著渾淪無形之氣，由於人稟受天地靈秀之氣而生，所以人不僅有性，而且有心，有了心，才有心的靈明一知

〔註37〕參見王俊彥，〈吳廷翰「以氣即理，以性即氣」的思想〉，頁 89。
〔註38〕（明）吳廷翰，《吉齋漫錄‧卷上》，頁 25。
〔註39〕（明）吳廷翰，《吉齋漫錄‧卷上》，頁 33。

覺運動」〔註40〕。氣的虛靈知覺表現爲心，但「虛靈知覺，皆性之所爲也」，因此在根源上，性先於心，才能對心有所作用。既表明心所具有的知覺運動的作用，也說明性是心所以產生的根源。所以就性氣關係而言，性是以氣爲本；就心性的關係來看，心生於性。心的本質是靈明，心是人的形體的主宰，精神活動發生的地方，而心的活動也以性爲根據，因此，他反對「心統性情」。

在「知覺運動是心，而所以生之者是性」的觀點下，吳廷翰對朱熹批評佛教「認那知覺運動做性」，認爲此處辨得心性、儒佛頗明，但他又以爲朱子「以理爲性，知覺運動是心」，如此便是「性反緣心而有，理無所著，反爲空寂之物。是亦不足以破佛之謬」。〔註41〕本來心由性而有，朱子這樣將心與性的本末顛倒了，是無法破除佛教的謬誤。他的心性之辨與朱子的不同在於他以理氣一物爲前提，以氣言性，心生於性。而朱子性與心的關係，猶如理與氣的關係，性是形而上之理，或「性便是心之所有之理」；而心則是形而下之氣，是「理之所會之地」。「性猶太極也，心猶陰陽也，太極只在陰陽之中，非能離陰陽也」。〔註42〕這性雖不離心，但不等於心的觀點是從理氣二分而言的。

二、道心亦人心，人心亦道心

在吳廷翰的心性論上，他主張氣性爲一物、性爲心之本，又天地萬物皆源於一氣，則性無二性，同時，心無二心。他既反對張載、朱熹「心統性情」，與分性爲天地之性和氣質之性的主張，也反對分道心與人心，進而又反對天理人欲對立論。

（一）人心道心各有自然之中

道心與人心之名，乃出於《僞古文尚書・大禹謨》，云：「人心惟危，道心惟微，惟精惟一，允執厥中。」宋明理學家極重視此語，稱之爲十六字傳心訣。吳廷翰認爲「聖賢授受，萬世言性、言心者無以加焉。由此則爲正道，出此則爲邪說、爲異端」、「萬世言心學者託始於此十六字，不容一字有差」。提出「人心亦自有中，道心且未可謂之中」的見解，「允執厥中」之「中」，須兼人心、道心而言。〔註43〕

〔註40〕 以上論述參見姜國柱，《吳廷翰哲學思想探索》，頁 127。
〔註41〕 （明）吳廷翰，《吉齋漫錄・卷上》，頁 33。
〔註42〕 （宋）朱熹，《朱子語類・卷 5》頁 143、141。
〔註43〕 （明）吳廷翰，《吉齋漫錄・卷上》，頁 36、31、33。

　　二程用天理人欲解釋道心人心，以爲人心就是人欲；道心就是天理。對此一問題之重視實由朱熹所倡導，他以爲這是堯舜相傳之道，故對人心與道心之涵義及關係頗多論述。道心出於性命之正，惟精而無雜，純爲天理；人心則出於形氣之私，就理氣雜而言。總之，合於道德原則的知覺是道心，專以個人情欲爲內容的知覺是人心。「人自有人心道心，一個生於血氣，一個生於義理」。道心發自天地之性，爲純善，故云：「道心則是義理之心」。〔註44〕而人心則發自氣質之性，爲有善有惡，故云：「人心者，氣質之心也，可爲善，可爲不善」〔註45〕。此即人心、道心之別。朱子以爲道心必須爲人心之主，人心必須以道心爲準繩，亦即人心必須爲道心所節制，而且人心必須聽命於道心才是完全的人性。不然人心若失準據，則人心必然會流爲邪惡。

　　吳廷翰認爲人心是：「口之於味，目之於色，耳之於生，鼻之於臭，有是口鼻耳目之人，則有是食色臭味之心，人之大欲，故謂人心」。指人生而有各種物質欲求，人之大欲就是人心。道心是：「仁之於父子，義之於君臣，禮之於賓主，知之於賢哲，有是仁義禮知之道，則有是父子、君臣、賓主、賢哲之心。道之大倫，故謂道心」。〔註46〕人生亦有各種人倫道德規範，道之大倫就是道心。人心、道心均具於人，同爲一性之所生，故道心、人心之本是同一性體。他反覆探索辨析，發揮「中」之意蘊：

> 心者，性之所生，而性在焉；虛靈知覺，皆性之所爲也。此正上帝所降之衷，民所受於天地之中，自有本然一定之則，而不偏不倚，無過不及，其以爲人心者此也，其以爲道心者亦此也。（《吉齋漫錄·卷上》，頁31。）

這裡，他從心生於性出發，以「不偏不倚，無過不及」的「中」將人心與道心統一起來，人心與道心都是得本然之中。而「中」是「性之體」，也是「人心，道心之極則」，他以爲「中即性」、「性即中」，性與中是名異實同的，因此，不可「舍性言心」、「離中而言性」。這些見解他有詳細的論述如下：

> 或問：「舜言人心、道心而不言性，何也？」曰：「名生於人，舜時未有性之名，而以爲中者，即性之體，而人心、道心之極則也。至於成湯，始曰：『惟皇上帝，降衷於下民，若有恒性。』其所謂衷，

〔註44〕　（宋）朱熹，《朱子語類·卷62》，頁2361、2362。
〔註45〕　（宋）朱熹，《朱子語類·卷78》，頁3198。
〔註46〕　（明）吳廷翰，《吉齋漫錄·卷上》，頁31～32。

即舜之所謂中；其謂之性，豈非以中為民之所受以生，而因名為性乎？由是言之，舜之言中即性，成湯之言性即中，名雖異而實則同。舜非舍性言心，湯未嘗離中而言性也。後世見舜言心而不言性，遂以心為妙道，而不復求之於性。不知聖人之德，曰『性之』，曰『性者』，皆以性言，而『及之』、『身之』，皆自性上用功，乃為得之。故凡言學而斷自乎心者，是知有人心、道心，而不知有所謂中也。」（《吉齋漫錄・卷上》，頁 33。）

如此，性、心（包含道心與人心）與「中」形成密切的關係，他不僅批評離性言心是「知有人心、道心，而不知有所謂中」，也以此觀點批判佛教是離性而言心的「異端」、甚而指責其為「邪詖之尤者」。心離開了「中」，也就無道心、無人心可言，他又說：

蓋聖賢之言心，合於性而言也，故因人心道心而求所謂中。異端之言心，離乎性而言也，故一切以無心為教，而其去中也遠矣。今釋氏無父子、君臣、夫婦，是無道心；又欲出離生死，以身為幻妄，是無人心。而其無生無相、明心見性之說，乃欲駕出精一之上，真邪詖之尤者也。（《吉齋漫錄・卷上》，頁 36～37。）

再者人心之危是易於失中，道心之微是難於識中，皆應「擇中而守之」。他說：

夫其為心也本同，而其所發也亦同，特以其有微危之故，是以不得其中。惟危者人心之萌，易於流蕩，過與不及，特一間耳，其可畏乎！惟微者道心之萌，難於體驗，過於（按：應為「與」字）不及，亦幾希耳，其能辨乎！故聖人之學，精一而已矣。精者，察識之真，人心道心皆必有以審其幾焉。一者，持守之嚴，人心道心皆必有以守其正焉。如是，則人心之危者有以節制之而安，道心之微者有以擴充之而著，是為有得乎不偏不倚之本體，而自無過不及之差矣，豈非信能執其中乎？信執其中，亦只是本然之性，因其發之於心，故聖賢於心上用工，亦自心上立言，其實盡性之學也。（《吉齋漫錄・卷上》，頁 32。）

人心與道心同出於一性，因此其「本同」，其「所發亦同」，但心「下梢已涉形氣，便有不好的在」，心亦自有不是處，有「微危之故」。又因人心的萌發易於流蕩；道心的萌發難於體驗，皆有過與不及而不得其「中」處，所以「微危」的原因在於不得其「中」，「精一」就在於「守中」，將易於流蕩的人心加

以節制，將難於體驗的道心加以擴充，那麼，就能回復在「中」的本然之性，這就是聖賢的盡性之學。這種微危的觀點與朱熹有異，朱熹認為：

> 道心卻雜出於人心之間，微而難見，故必須精之一之，而後中可執。
> （《朱子語類‧卷 62》，頁 2363。）
>
> （人心）若無道心以御之，則一向入於邪惡，又不止於危也。（《朱子語類‧卷 78》，頁 3193。）

道心之微是因為道心雜出於人心之間，微而難見，只有以精一之道察而守之，才能符合「中」的原則。而人心之危是因為缺乏道心的主宰。雖然朱熹強調道心與人心並非二心，但兩者具有主從的關係。而吳廷翰從「人心道心各有自然之中」的角度來看，兩者雖亦相即相離，但並無主從的關係。吳廷翰不僅反對天地之性與氣質之性的區分，道心與人心也無對應的關係，尤其他所以為的人心和道心一樣，是同具有天地之中、本然一定之則，對於人心並無貶義，道心亦非純善，道心不是人心的主宰。〔註 47〕而這以人心、道心之「中」言性的主張，又愈見他反對離心言性的堅定立場。

（二）人欲之本，即是天理；天理之中，即是人欲

　　二程用天理人欲解釋道心人心，以為人心就是人欲；道心就是天理。程顥說：「人心惟危，人欲也；道心惟微，天理也」。程頤強調：「人心私欲，故危殆；道心天理，故精微。減私欲則天理明矣」。〔註 48〕朱熹則作了修正，認為「天理」與「人欲」是「不容並立」，又言「人欲中自有天理」指正當的生命欲望是符合天理的，〔註 49〕既是相對待又同體的關係。吳廷翰則發揮朱子「人欲中自有天理」、胡宏「天理人欲同體」和呂祖謙「天理常在人欲中」觀念，取其統一性，而泯除兩者的對待性，與羅欽順皆肯定情感欲望的合理性，以人欲為「天理之自然」。

〔註 47〕　朱熹主張道心出於性命之正，惟精而無雜，純為天理；人心則出於形氣之私，就理氣雜而言。又將合於道德原則的知覺視為道心，專以個人情欲為內容的知覺視為人心。以人心是「氣血和合做成，嗜欲之類，皆從此出。」此對人心寓有貶義。道心是善，人心則有善有惡。

〔註 48〕　（宋）程顥、程頤，《二程集‧河南程氏遺書‧卷 11》，頁 126、《二程集‧河南程氏遺書‧卷 24》，頁 312。

〔註 49〕　（宋）朱熹：「天理人欲，不容並立。」（《四書章句集注‧孟子集注‧卷 5》，北京：中華書局，1983，頁 254。）「天理本多，人欲便也是天理裡面做出來的，雖是人欲，人欲中自有天理。」（《朱子語類‧卷 13》，頁 355。）

　　吳廷翰又以天理人欲來闡說道心人心的關係，他不僅強調「人心道心各有自然之中」，人心與道心皆有過與不及而不得其「中」，以「守中」去除人心與道心的對立。而且他亦指出天理、人欲都也有過與不及的問題，以「執中」消除天理與人欲的對立。他說：

> 天下之理，唯「中」為至，所以堯、舜、禹授受多少大事，只以此一字相傳。雖「天理」二字抵不過，為有人欲在也。人欲無過不及即是中，天理有過不及亦非中。明道以天理二字是自家體貼出來，亦是此意。蓋體貼者必於其中分別過與不及。若行仁義而差，尤君子之學之所謹也。（《吉齋漫錄·卷上》，頁40。）

他沒有反對程顥以人心和人欲、道心和天理的對應關係，但認為天理、人欲都有過與不及的問題，「苟為不察，而以人欲為無中，天理為已得其中，非執中之旨矣。」〔註50〕天理與人欲的關係不是對立的，他沒有抬高天理、貶低人欲的意味。他從人欲與天理的關係：「人欲之本，即是天理」；「天理之中，即是人欲」說明「人心亦道心」、「道心亦人心」。〔註51〕既泯除人欲天理的對立，也消融道心人心的對立。道心人心之本是一，亦同為一性之所生，人心即人欲，道心即天理，人欲天理皆以性為體，故「人欲之本，即是天理」；天理人欲皆以執中為旨，故「天理之中，即是人欲」。人心亦道心，道心亦人心。道心不是主宰人心的，自然也不必用天理克制人欲，肯定人欲的正當性。而朱熹之所以說道心人心只是一個心，而又有道心與人心之分，張立文指出：這是為解決心的善惡和如何對待與人心相聯的人欲問題，且朱熹以道心來節制人心正是反映貴理賤欲的思想傾向。〔註52〕吳廷翰則是以持平客觀的態度看待道心與人心、天理與人欲的關係，它們並沒有善與惡、貴與賤的對立性。

　　他又從「性無內外」、「性一」的觀點，來論述天理與人欲的關係是：天理必有人欲。他說：

> 曰：性無內外，何謂也？曰：道無內外，故性亦無內外。言性者專內而遺外，皆不達一本者也。今夫陽之必有陰也，晝之必有夜也，暑之必有寒也，中國必有夷狄也，君子必有小人也，則天理必有人欲也，善之必有惡也，亦明矣。以性本天理而無人欲，是性為有外

〔註50〕　（明）吳廷翰，《吉齋漫錄·卷上》，頁32。
〔註51〕　（明）吳廷翰，《吉齋漫錄·卷上》，頁31～32。
〔註52〕　張立文主編，《中國哲學範疇精粹叢書——心》，頁209。

矣。何也？以爲人欲交於物而生於外也。然而內本無欲，物安從而
交，又安從而生乎？故陽與暑必處於春夏用事之時，陰與寒必居於
秋冬退藏之地，而中國常尊，夷狄常卑，君子常勝，小人常負，此
聖人之所以設教以法天，與遏人欲而存天理，其道一而已。若以人
欲爲外而非性，則性爲有外，充其說，必去人欲而後可以有生乎？
是異教之類也。（《吉齋漫錄・卷上》，頁 31。）

程朱與陸王將天理人欲對立起來，視天理爲善爲內、人欲爲惡爲外，吳廷翰
以道無內外，論證性無內外，他從陰陽、晝夜、寒暑的用退，與中國夷狄的
尊卑、君子小人的勝負等必然的道理，驗證天理人欲、善惡同具的必然性，
因此，人欲與天理皆是性，不可以爲人欲爲外而非性。性無內外，那麼性是
一，他又以此觀點論述「民生有欲」的正當性，反對「去人欲，存天理」之
說。他有以下的申論：

日：耳目口鼻四支之與仁義禮知之同爲一性者，何也？曰：性一也。
仁義禮知，舉其目之大者耳，其實人之一身皆性也。父子、君臣、
賓主、賢哲，舉其屬之大者耳，其實耳目之類皆性也。天下無性外
之物，而況一身之間乎？故曰「民生有欲」。不可以欲爲非性，但流
則有以害性耳。如仁義之於父子君臣，自有本性，其仁與義亦不可
過，過則亦爲性之害。如以人欲之害性之爲非性，則過於仁義者亦
反害於仁義，而以仁義非性可乎？故曰：「性一也。」而以爲有氣質、
天地之性者，是反疑於孟子之說者也。（《吉齋漫錄・卷上》，頁 31。）

他認爲天下無性外之物，人之一身皆是性，將耳目口鼻四肢之欲視爲性，
仁義禮智之道亦視爲性，故天理人欲皆本於一性，不可「以欲爲非性」，當
人欲流蕩爲私欲時會害性，仁義有所過時亦會害性，所以不可以因人欲有
害性而否認人欲爲性。況且嚴格來說，害性的是私欲，而不是人欲本身。
他說：

人欲，只是人之所欲，亦是天理之所有者，但因其流蕩，而遂指其
爲私欲耳。其實，本體即天理也。聖人之學，因人之欲而節之，則
亦莫非天理，而非去人欲以爲天理，亦非求天理於人欲也。《書》曰：
「民生有欲，無主乃亂。」所謂「主」者，亦只節其欲以治其亂而
已，豈能使民盡去其欲乎！釋氏離形去知，閉口枵腹，而猶未能，
充其說可見矣。（《吉齋漫錄・卷上》，頁 37。）

義利亦只是天理，人欲不在天理外也。「飲食男女，人之大欲存焉」。
日用飲食，男女居室，茍得其道，莫非天理之自然。若尋天理于人
欲之外，則是異端之説，離人倫出世界而後可。然豈有此理乎！（《吉
齋漫錄·卷上》，頁 66。）

「人之所欲，亦是天理之所有者」;「人欲不在天理外」，強調人欲與天理並
非對立的關係，再者他説的「本體即天理也」並非是二程以「天理」爲宇
宙人生的本體，而是就人欲天理的統一性而言的。羅欽順認爲「夫人之有
欲，固出於天」，「蓋惟天生民有欲，順之則喜，逆之則怒，得之則樂，失
之則哀。故《樂記》獨以「性之欲」爲言，欲未可謂之惡，其爲善爲惡，
係於有節與無節爾」。〔註 53〕人欲出於自然，不能去欲滅欲，也不能放欲縱
欲，可知兩人對天理人欲的主張是一致的。又吳所言：「因人之欲而節之，
則亦莫非天理，而非去人欲以爲天理，亦非求天理於人欲也。」這也就是
後來戴震的主張「天理者，節其欲而不窮人欲也。是故欲不可窮，非不可
有。有而節之，使無過情，無不及情，可謂之非天理乎？」〔註 54〕以爲理
存於欲中，人欲的中節就是天理。因人欲會流蕩而成爲私欲，流蕩的私欲
會害性，所以要「節欲」，而不是「去欲」。「人欲不在天理之外」，飲食男
女的生理欲求，如果能符合常道，亦是「天理之自然」，他批評佛教的禁慾
是脱離人倫世界，是不合理的。反對「使民盡去其欲」，肯定了人欲的存在
地位。亦即天理在人欲之中，普遍的道德原則只有通過感性欲望才能得以
實現，有「天理必有人欲」兩者相互依存。〔註 55〕他這種平衡看待天理人
欲二者的態度，亦正是求「中」的表現。

三、對佛教、張載、朱熹與陸王的批評

吳廷翰在當時程朱理學成爲官學，王守仁心學崛起之際，他提出性成於
氣及心生於性的思想，勇於批判佛教的「明心見性」和陸王的「心即性」説；
即使對於是張載、朱熹的「心統性情」，亦毫不留情地直指其謬。

（一）反對佛教「明心見性」

從吳廷翰心生於性，心即人形貌精魂的所在，又爲性的靈明知覺的
觀點而言，心是涉形氣而有限的，「下梢已涉形氣，便有不好的在」，其

〔註 53〕 （明）羅欽順，《困知記·卷下·14》，頁 28、《困知記·卷上·17》，頁 8。
〔註 54〕 （清）戴震，《戴震集·孟子字義疏證卷上·理》，頁 276。
〔註 55〕 張立文，《中國哲學範疇發展史——人道篇》，頁 285〜286。

實「心是個虛靈知覺，亦自有不是處」，「心亦有不能知是非處」。他批評
佛教說：

> 佛氏只以心爲性，便謂至靈至妙都在此間，所以只去守心，以爲只
> 守得此心，便無適非道。而不知心生於性，下梢已涉形氣，便有不
> 好的在。其發於性者，便是道；其感於外，而不發於性者，便非道；
> 若任其所發，便以爲良心，便以爲道，則其不良者乘間而出，安可
> 以爲道乎？（《吉齋漫錄・卷上》，頁35。）

> 釋氏爲明心見性，也只是個明心，何曾見性？渠蓋以心即是性。其
> 實心是個虛靈知覺，亦自有不是處。且如父子、君臣、夫婦，乃人
> 道之常，性之大本，佛乃要離卻。彼其心既知覺需明，乃於此而不
> 知其非乎？（《吉齋漫錄・卷下》，頁60。）

他指出佛教心性論的謬誤在於認心爲性，而不知心生於性，心雖虛靈知覺，
但非至靈至妙，亦有不好在，佛教的明心見性只是講明心，沒有講見性，且
脫離了人倫這一性之大本，單言知覺虛靈之心是不妥的。這發揮了羅欽順評
「釋氏之學，大抵有見於心，無見於性」說〔註56〕。他又進一步舉《中庸》、
《大學》爲證說：

> 聖人之學，存心便要養性，盡心便要知性，《中庸》說「天命之謂性」，
> 而終於「至誠盡性」，要未嘗專一任心。獨《大學》言心而必曰正心，
> 可見心有不正而後正之。亦足以知明心之說之非矣。（《吉齋漫錄・
> 卷下》，頁60。）

聖人之學講存心養性，盡心知性，未嘗離性而言心，又從《中庸》說「天命
之謂性」、「至誠盡性」，《大學》言正心，可見心有不正之處，因此，他批評
佛教以心即是性，以爲妙道靈機是一切由心，只明心而無見於性，使「性上
尚有遮隔」，是無法知人倫大本，通達於道的。〔註57〕

（二）反對張載、朱熹「心統性情」

在性氣一物、心生於性的思想下，心是人的形體的主宰，精神活動發生
的地方，而心的活動以性爲根據，形體與心皆從性生，而不在性外，心不能

〔註56〕羅欽順：「釋氏之『明心見性』，與吾儒之『盡心知性』，相似而實不同。蓋虛
　　　　靈知覺，心之妙也。精微純一，性之真也。釋氏之學，大抵有見於心，無見
　　　　於性。」（《困知記・卷上・5》，頁2。）

〔註57〕（明）吳廷翰，《吉齋漫錄・卷下》，頁60。

統性。因此，吳廷翰駁斥張載與朱熹的「心統性情」之說，他說：

> 張子有「心統性情」之說，朱子以爲「性情之上，皆著得心字，所以言心統性情」。此猶未究心性之生與其本也。天下無性外之物，心之在人，亦是一物，而不在性之外，性豈心之所能統乎？故嘗辟之：心則朝廷，性則人君。朝廷，政教號令之所自出，而君實主之。若以政教號令之所出，而謂朝廷統乎人君，可乎？要之，朝廷者，人君之所建立，而因以居之者也。非人君不知朝廷之爲尊，非性不知心之爲大。此可以知心性之辨。（《吉齋漫錄·卷上》，頁 23。）

他批評張、朱二人「未究心性之生與其本」，也就是不了解心性的產生及其本原都是氣，他明確肯定心不能統性。他認爲天下無氣外之物，由「氣即是性」的觀點看，天下亦沒有性外之物，也就是說心作爲一物，不能超越性之外，所以心不能統性。他又以人君喻性，朝廷喻心，以人君主宰朝廷，朝廷不能統人君之喻來批駁「心統性情」，強調性主宰心，心之作用雖大，但心從屬於性。〔註58〕換言之，不是「心統性」，而是「性統心」。「非人君不知朝廷之爲尊，非性不知心之爲大」，正是回應了「知覺運動，心之靈明，其實性所出也。無性則無知覺運動，無知覺運動則亦無心矣。」這也正符合他主張性先心後，性大心次之的看法。又「吳廷翰的性體，並非宇宙本體，而是超越身心的道德本體。性作爲道德本體，既不能離氣之宇宙本體，亦不能離作爲生命存在的心的知覺運動，離此兩者就無所謂性體」。〔註59〕因此性主宰心，是從其作爲道德本體而言，或可言是「不宰之宰」，氣之本體才是眞正的主宰者。

朱熹以孟子的「惻隱之心，仁之端也；羞惡之心，義之端也；辭讓之心，禮之端也；是非之心，智之端也。」與橫渠「心統性情」爲基礎，而建立自己之心統性情說。他以性爲理，爲心之體，指仁義禮智；情爲心之用，則指惻隱、羞惡、是非、辭遜；「性情皆出於心，故心統之。」所以心爲「天理之主宰」。因此在朱子之心性論上，以心爲主宰，性是由心所生的，與理氣論不能相提並論。心、性、情三者的關係是心對性、情；性對情，有此性，便有依此性而發動的情，「有這性，便發出這情；因這情，便見得這性。因今日有這情，便見得本來有這性」。但單講心與情的關係時，則「情者，心之所動」。〔註60〕心、性、

〔註58〕 參看張立文主編，《中國哲學範疇精粹叢書——性》，頁 293。

〔註59〕 張立文，《中國哲學範疇發展史——人道篇》，頁 129～130。

〔註60〕 （宋）朱熹，《朱子語類·卷5》，頁 144、155。

情，透過此種相對的關係，構成動靜、體用、已發未發之關係。朱子與大多理學家以爲情發自性，朱子有言：

> 性者心之理，情者性之動，心者性情之主。（《朱子語類・卷 5》，頁 144。）

> 蓋心便是包得那性情，性是體，情是用。（《朱子語類・卷 5》，頁 147～148。）

> 惻隱、羞惡、是非、辭遜是情之發，仁義禮智是性之體。（《朱子語類・卷 5》，頁 148。）

> 仁義禮智同具於性，而其體渾然，莫得而見。至於感物而動，然後見其惻隱羞惡辭遜是非之用，而仁義禮智之端於此形焉。乃所謂情。（《朱子大全・文集卷五十六・合方賓王書》）

朱子所論之情，與性相對，情爲性之動，寂然不動是性，感而遂通是情；情爲性之發用處，亦爲心之發現處，四端七情乃發自於性。在心、性、情的關係上，吳廷翰則說：

> 心之初生，由性而有，及其既成，性乃在焉。則心性遂若無所別矣，故曰「仁義之心」，以性之在心言耳。又曰：「惻隱羞惡之心」，以情發乎心言耳。夫性既在心，則情亦發乎心矣。（《吉齋漫錄・卷上》，頁 23。）

講「仁義之心」是因性在心中，當性之在心時，心性若無所別，講「惻隱之心」是情顯現心之所感，性既在心中，因此情與心的關係可以說，情是心之發用。他將仁義禮智視爲性之實體，惻隱、羞惡、是非、辭遜是情之發，此點與朱子相同。但他們相異之處，在於朱子以心爲性情的主宰，心可以統性，吳廷翰則以爲性先心後，心不可統性。又二者的本體亦不同，前者以理爲本體，後者則是氣。

　　在情與心的關係上，吳廷翰說「情發乎心」，而在性與情的關係上，他主張「性發爲情」，他說：

> 性，從心從生，人心之所以生也。然其在中未易窺測，亦無名目，渾淪而已。及其感動，則惻隱而知其爲仁，羞惡而知其爲義，辭讓而知爲禮，是非而知其爲知，則性之名所由起也，亦非性本有此名也，因情之發而各有條理而分別之耳。……曰：然則何以能知覺運動？曰：知覺運動，氣之良能。仁而不能，何以惻隱？義而不能，

何以羞惡？禮而不能，何以辭讓？知而不能，何以是非？故人之所
以為人者，皆心之知覺運動為之，而心之所以能者，則性為之，但
性不可見，因情可見耳。性發為情，而其能為才，若志意思慮，是
又緣心而起，然亦莫非性之所為也。(《吉齋漫錄・卷上》，頁 28。)

仁義禮智之性原為渾淪，不易窺測，在性有感動時會表現為惻隱、羞惡、辭
讓、是非之情，也就是說，仁義禮智之名非性所本有的，而是因惻隱、羞惡、
辭讓、是非之情的發用而各有條理而來，因此說：「性不可見，因情可見」。
性要依藉情的發用而表現出來，「性發為情」，性與情是「體」、「發」（用）的
關係，但不是性統情。心能起志意思慮，這也是性的表現，這說明性可以統
心。

綜上所論，吳廷翰在心性之辨上，以為性可以統心，心不可以統性，
而「性發為情」，「情發乎心」。他反對「心統性情」，不過他也並沒有主張
「性統心情」；性固然可以統心，但性與情是「體」、「發」（用）的關係，
不是性統情〔註61〕。王夫之承其對「心統性情」的批判，而主張性體心用。
〔註62〕

再者，心的知覺運動是氣的本能，有仁義禮智之性而無氣的作用，仍是
無法表現惻隱、羞惡、辭讓、是非之情，這反應了他將氣本的觀念貫通在心
性論上，或許可以說他是「氣統心性情」會更適切些。

誠如論者所指：朱熹「心統性情」說的倫理意義在於，通過發揮人心的
主觀自覺，來強調平時的道德修養與臨事按道德原則辦事的一致性，把人的
理性和情感納入心的統御和把握之下，提倡和肯定道德自覺，控制與節制情
欲。但其過分重視道德理想的完善，忽視物質欲望的滿足的傾向也給社會發
展帶來負面影響。〔註63〕而從羅欽順至吳廷翰，他們提出氣即性論，因而否
定心統性情，或批判於氣質之上加本然之性，直接契入性情關係，則凸顯人
的本性和感情欲望。〔註64〕他們對於人心道心、人欲天理的看法也反應了這
種思維路向。

〔註61〕 王俊彥認為：「吳廷翰以為能統心、情者是性。」，見〈吳廷翰「以氣即理，
以性即氣」的思想〉，頁 90。
〔註62〕 詳見張立文，《中國哲學範疇發展史——人道篇》，頁 130。
〔註63〕 參見蔡方鹿，〈朱熹「心統性情」說新論〉，《孔子研究》，1991 年 4 月，頁 78。
〔註64〕 參見張立文，《中國哲學範疇發展史——人道篇》》，頁 483。

（三）反對陸王「心即性」

陸九淵主張心性一物，強調只有一個心的世界，以一心來囊括整個宇宙及各個哲學範疇，反對區別心、性，認爲心、性、情、才都只是一般物事，用一個心便可概括心、性、才、情，只要講「先立乎其大」，發明本心即可。楊簡繼承陸九淵，他反對任何可能導致心性二分的觀點，甚至對孟子也提出批評：「性即心，心即道，道即聖，聖即睿，言其本謂之性，言其精神思慮謂之心，言其天下莫不共由於是謂之道，皆是物也。……孟子有存心養性之説，致學者多疑惑心與性之爲二，此亦孟子之疵」〔註65〕。認爲孟子既講存心，又講養性，致使學者產生疑惑，而導致心性二分。

吳廷翰以爲「聖人之學，只是盡性」。孟子之學所以能傳聖人之道，就在於講存心養性、盡心知性，而不是離心言性，荀子、揚雄以後諸子是「不識性而言心，所以畔道」。周敦頤的「主靜」說，程顥的「定性」論，「皆未嘗離性言心」，吳廷翰批評陸九淵、楊簡說：

> 自陸子之學，有「先立乎其大者」與「求放心」云云，若獨指心而言，已有獨任本心之失。至其徒楊敬仲（按：楊簡字敬仲。）一誤，遂至以心爲性，而曰：「道心，謂心即道也。心之精神謂之聖，謂心即聖也。」夫以心爲道、爲聖，而一切由之，以爲言下有悟，言「心下自省」，便即是道，便即是聖人，此非釋氏明心見性成佛之旨而何？（《吉齋漫錄·卷上》，頁34～35。）

> 陸子之學，豈便如釋氏。但據其所學，在「先立乎其大者」，與「學問之道求放心」，全在心上用工，而未及言性，則恐微有專一任心之過，而少交養互發之意耳，非謂其「先立乎其大者」與「求放心」可有疑也。（《吉齋漫錄·卷下》，頁61。）

> 夫「先立其大者」，必有所以立之者也。「求其放心」，必有所以求之也。此處若差，便是以心立心，以心求心之説。若曰立者，立此者也；求者，求此者也，畢竟不明。蓋其求與立須是學問，從性上頭來。從性上頭來，然後知所以立，知所以求。其實立之求之，雖只是心，而其所以立、所以求，則是於知性、養性處作得主，而盡心存心之功爲有本耳。陸子論學，獨於性上不甚發明，人謂其似禪處，

〔註65〕　（宋）楊簡，《慈湖先生遺書·卷8·家記二》，濟南：山東友誼書社，1991，頁17。

其跡在此。觀其《與劭中孚》書，有曰：「《告子》一篇自『牛山之木嘗美矣』以下，可常讀之，其浸灌培植之益當日深。其卷首與告子論性處，卻不必深考，恐其力量未到，卻反惑亂精神。」此亦足以見其性上猶欠分明，而專任本心之或過也。（《吉齋漫錄‧卷下》，頁 61。）

他不斷反覆申論陸學的「先立乎其大者」與「學問之道求放心」，是不明白所以立與所以求，專任本心，全在心上用工，而不知性爲心本，忽略知性、養性，因此，陸九淵對《孟子‧告子》中卷首與告子論性處的了解正見其對性的認識欠明，無怪乎人謂陸學似禪學。而「心性爲二」與「以心爲性」的區別亦正是儒、佛之異。羅欽順亦指出楊簡以心爲性，批評楊簡同佛學一樣「以心法起滅天地」，即以心爲道或爲理，其結果必然導致人心爲自然立法的結論。〔註66〕

此外，他也以批評陸學的不知心出於性的觀點，指斥王陽明「好異自高」〔註67〕，批評王「心即性」、「致良知」就是不知性而專任於心的學說。總之，陸王以心爲性，「知其一而不知其二，所以爲學易差」，這是他們學說的根本錯誤所在。他對王陽明的心性論批評說：

《傳習錄》說：「性一而已，自其形體謂之天，主宰謂之帝，流行謂之命，賦於人謂之性，主於身謂之心。心之發也，遇父便謂之孝，遇君便謂之忠，自此以往名至於無窮，只一性而已。」是以心即性也。以心爲性，乃此老根本之誤。故其他處，又曰：「知是理之靈處，就其主宰處說便謂之心，就其稟賦處說便謂之性。孩提之童無不知愛其親，無不知敬其兄，只是這個靈。」嗚呼！此佛說也！佛氏只以心爲性，便謂至靈至妙都在此間，所以只去守心，以爲只守得此心，便無適非道。而不知心生於性，下梢已涉形氣，便有不好的在。其發於性者，便是道；其感於外，而不發於性者，便非道；若任其所發，便以爲良心，便以爲道，則其不良者乘間而出，安可以爲道乎？（《吉齋漫錄‧卷上》，頁 35。）

吳廷翰以爲心涉形氣便是不好，他又言：「心出於性，終屬有形，落在形而下邊的，便有差處。所以聖人曰正心、曰洗心。有邪然後正，有污然後洗。

〔註66〕 （明）羅欽順，《困知記‧續卷下》，頁 78～80。
〔註67〕 （明）吳廷翰，《吉齋漫錄‧卷上》，頁 35。

然其污與邪只守著個心，又焉能洗而正之哉？」〔註68〕因此，心既有不好，則不能視同仁義之性，也不能專任此未必良之心以發。他認爲「遇父便謂之孝，遇君便謂之忠，是發於性者」；「孩提之童，無不知愛其親，及其長也，無不知敬其兄，亦是性之知」。故主張言心必當言性，有存心養性之功，才能察識辨別「孰爲吾性之所發，爲吾之本心？孰爲非性之所感，而非吾本心乎？」〔註69〕他立足於「心生於性」指出心性不可混同爲一，不斷指斥陸王心學以心爲性在根本上就是錯誤的，與佛說無異。

第三節　性善惡論

關於人性善惡的問題，是歷來思想家們所不斷爭論的，吳廷翰對於前人的人性論有許多評論，先不論他的見解是否符合前人的本意，他對孔子「性相近，習相遠」讚嘆說「後世莫加焉」。他以爲孟子之所以能傳聖人之道在於他知性善，孟子的性善是「探源而知流」，使人類不至於禽獸，其功大於告子，但孟子只說「繼之者善」，而於「成之者性」未備，「義明而語猶未究」。至於告子，他則認爲「生之謂性」是「語是而意非」，「指生爲性，若得眞見，則與孔子相近之旨無異」。關於論性之旨，他以程顥爲至，認爲可補孟子性善的未備。他反對荀子的性惡、善僞〔註70〕，批評荀子、揚雄「不識性而言心，所以畔道」。荀、揚名爲聖人之徒，但「竊聖人之學以自文，而深害於吾道」，其罪是高於莊子、列子的。〔註71〕以下則從他以氣論性的特點，結合他有關

〔註68〕　（明）吳廷翰，《吉齋漫錄・卷下》，頁59～60。

〔註69〕　（明）吳廷翰，《吉齋漫錄・卷上》，頁36。

〔註70〕　吳廷翰認爲「聖賢扶世立教，取其可以爲天下後世訓者，所以爲正也。」以此爲標準，他評論告子的性論若可行，「則人將以性爲惡、爲僞、爲在外、爲與物同，而人類化爲禽獸。」孟子之說則「以性爲善、爲眞實、爲內、爲與物異，而仁義之道明，人類不至於禽獸。」因此，孟子性善之功大於告子。(《吉齋漫錄・卷上》，頁30) 這些論述雖然是針對告子而言，但荀子主張性惡、善僞則與吳所批評的告子之說有相同的弊病，並不符吳廷翰所謂的「正」，所以他也反對荀子的性惡論。

〔註71〕　有關吳廷翰對於荀子與揚雄的批評，見於《櫝記・卷上》的〈太玄〉與〈荀揚〉。在〈太玄〉中，他對司馬光「極喜揚雄，以爲知道」一事提出批評，認爲揚雄「諂事賊莽，乃名教之罪人。則其爲《玄》也，適足以爲奸謀之資，而其於性，其修惡爲惡人者乎！」文中並未針對揚雄性論加以評析，這有以人而廢言之嫌。在〈荀揚〉中，他又批判荀、揚之罪是「使天下不知爲聖人之道之眞」、「竊聖人之學以自文，而深害於吾道」，是假儒者之名惑亂後世，

人性論的一些論點，來梳理他人性論的眞意。

一、性爲仁義禮智之實體

吳廷翰從氣本的理路來說性，由於「太極渾淪一元之氣」，分化爲陰陽二氣，陰陽二氣交感而使人物化生，產生了人，才有人之性，性成而有形體，形體亦是性。一切「不過一氣而已」，氣凝而有體質的是人的形體，凝而有條理的是人的性。光有氣還不是性，氣是條理的依據，但不是性本身，氣中的條理才是性。氣凝而有條理的內涵包含仁義禮智，「性之爲氣，則仁義禮知之靈覺精純者是已。」至於氣如何化爲倫理的仁義禮智而爲性，他說：

> 仁義禮智即天之陰陽二氣，仁禮爲氣之陽，義知爲氣之陰。方其在天，此氣流布，絪縕太和，故但謂之陰陽，謂之道，謂之善。及其生人，則人得之以爲有生之本，而形色、象貌、精神、魂魄，皆其所爲，而心則全體之所在，故謂之性。(《吉齋漫錄卷上》，頁 28。)

將仁義禮智視爲天的陰陽二氣，陰陽二氣化生人時，人就得此仁義禮智爲有生之本，因此，仁義禮智就成了性的具體內容。

此外，他堅持「性只是仁義禮智」，反對「五性」：仁義禮智信之說，認爲孔子言性只此四者，「亦不過仁義而已」，甚且「不必言義亦足以盡之」。孟子言性亦止四端。周敦頤言性加入信，他認爲這是因爲五常有朋友之信而增添的，或配合五行而來，並非《易》、《孟子》之旨，以下是他的論述：

> 性只是仁義禮知。孟子曰：「君子所性仁義禮知根於心。」又曰：「仁之實，事親是也；義之實，從兄是也；知之實，知斯二者弗去是也；禮之實，節文斯二者是也。」則又只說仁義。易曰：「君子體仁足以長人，嘉會足以合禮，利物足以和義，貞固足以幹事。」孟子言知義出於此。周子：「德：愛曰仁，宜曰義，理曰禮，通曰知，守曰信。」通與守皆知之德，而以通言知，以守言信。程子《好學論》亦曰「五性」，蓋緣《太極圖》，以取配五行，非《易》與《孟子》之旨，其後相沿而不覺耳。予所以不欲以信言性者，大抵性體本實仁義自足，而必強添，恐後人以性爲偏也。(《吉齋漫錄·卷上》，頁 22。)

其罪甚至高於老、莊、列子。這些都是基於聖賢扶世立教的觀點而做的批評，卻未眞正針對荀、揚的性論本身來評斷。(參見《櫝記·卷上》，頁 156、158。)

　　予謂不必以信言性者，蓋四德本實不可復加。若以爲誠，則眞實無妄，
而太極之理，不當居四德之後。若止以朋友之信無所分屬，則君臣朋
友曰義與信，於性皆義之類，是亦不必有信而後可屬也。後世以土附
水火金木之後而足五行，其失一而已矣。(《吉齋漫錄·卷上》，頁 40。)

他站在「凡聖人所不言而或有加爲者，非贅即妄」，反覆申論太抵「性體本實
仁義自足」，不必強添，而他之所以不欲以信言性，最重要的是擔心「自信之
説一出，於是仁義禮知反待以成，而天下若有不實之性」、「後人以性爲僞」。
所以，他堅持「其實性爲仁義禮知之實體」。〔註72〕人稟氣而生，「純粹精一，
其名曰性」、「人生而有心，是氣之靈覺，其靈覺而有條理處是性。」且人得
「天地之中」，又都具有先天的仁義禮智之性，因此，從這些論點來看，吳廷
翰所以爲的人性是本善的。

　　吳廷翰從氣上論仁義，仁義是氣的善名，也是善性，即人的本性。張立
文就此而推崇他是確立了氣學派宇宙觀和道德論的整體結構。張氏指出，雖
然朱熹曾從氣上說仁，認爲「仁是天地之生氣」〔註73〕，但朱熹本於理本論，
他指的仁是來自形而上之理，而體現於形而下之氣；而吳廷翰以氣爲形而上
的本體，仁義本於氣，「天爲陰陽，則地爲剛柔，人爲仁義，本一氣也」、「仁
義禮智即天之陰陽二氣，仁禮爲氣之陽，義知爲氣之陰。」他從發生學上申
明仁義的來源：「仁義必假氣而後生」，這與朱熹異趣。〔註74〕

二、稟氣不齊，性有偏全、厚薄、多寡

　　從氣本的觀點而言，吳廷翰贊成「萬物體統一太極」；但對於「一物各
具一太極」之說，他則不以爲然。他認爲「太極既分，生人生物，隨其大
小，各有太極之理，不能無全偏多寡之異。」這就好像「太陽在天，凡物
皆其所照，然隨其大小而受光不同，謂之皆有太陽之光則可，謂之各得太
陽全光則不可。」〔註75〕因此，稟氣不齊，性有全偏、厚薄、多寡的差別，
而人物之異、聖人凡人之別也是這個道理。甚至現實中人的不善亦是由此
而有的。

〔註72〕　（明）吳廷翰，《吉齋漫錄·卷上》，頁 22。
〔註73〕　（宋）朱熹，《朱子語類·卷6》，頁 172。
〔註74〕　參見張立文，《中國哲學範疇發展史——人道篇》，頁 338～339。
〔註75〕　（明）吳廷翰，《吉齋漫錄·卷上》，頁 22～23。

（一）人性、物性有別

　　吳廷翰所指的性兼人性與物性，人和物都由氣而生，也是天命之所在，「天命之謂性，言天命之以為人，則人之所以為性也；天命之以為物，則物之所以為性也」。〔註76〕「天命之謂性」是兼指人性、物性兩方面。但因人物之生所受的氣不同，所以性也不同，這就產生了人和萬物的差別。他認為告子「生之謂性」最大的錯誤是未區別人性與物性。因此，他特別辨明人性、物性之別。他認為氣中含有清濁美惡的不同成份，由於人物各得氣不同的成份，因而形成參差不齊的人與物。

　　　　或問：「『天命謂性』與『民受天地之中以生』，何以辨？」曰：「一
　　　　義也。一氣流行，生人生物，即天命之所在也。雖其渾淪沕穆而或
　　　　差參不齊，則有中與不中之異，而人物之所由以生者，正惟有在於
　　　　此耳。受天地之中以生者則為人，即人之所以為性者也；受天地之
　　　　不中以生者則為物，即物之所為性者也。天命謂性，蓋兼言之；而
　　　　受天地之中以生，則獨指人耳，故曰：『然則犬之性猶牛之性，牛之
　　　　性猶人之性歟？』通於此而後能知孟子之說也。」（《吉齋漫錄‧卷
　　　　上》，頁41。）

氣渾淪深微，有清濁、美惡，參差不齊，氣化為人物時，氣有中與不中的差異，人是受天地之中氣而生的，物是受天地不中之氣而來，所以人性與物性因受氣不同而不同。這與王廷相「人有人之氣、物有物之氣」、「人有人之理，物有物之理」〔註77〕的思想基本相同。與羅欽順用「理一分殊」來解釋人與物的同異稍有差異。又因人性與物性是太極之理的偏全多寡之異而異，他的「太極之理」之全相當於羅欽順所謂的「太極」，都具有善的屬性，這與王廷相的中性概念不同。〔註78〕而且「太極之理」此理是「氣之理」，這當然又與朱熹用「氣同而理異」〔註79〕來解釋犬牛之性與人性不同。

〔註76〕（明）吳廷翰，《吉齋漫錄‧卷上》，頁22、40。

〔註77〕（明）王廷相，《王氏家藏集‧卷37‧金木非造化之本》，頁671。《雅述‧上篇》，頁848。

〔註78〕參見李存山，〈羅、王、吳心性思想合說〉，《哲學研究》1993年第3期，頁43。

〔註79〕朱熹：「人物之生，莫不有是性，亦莫不有是氣。然以氣言之，則知覺運動，人與物若不異也；以理言之，則仁義禮智之稟，豈物之所得而全哉？此人之性所以無不善，而為萬物之靈也。」（《四書章句集注‧孟子集注‧卷11》，頁326。）

而這人性、物性之別正突顯人性異於禽獸的高貴性，也是他評斷孔子「性相近也，習相遠也」、孟子性善、告子「生之謂性」的立足點。。

（二）人性有等級

人稟氣而生，生而有性，性爲仁義禮智，故人性是善的。可是現實中有不善的人性，吳廷翰認爲這是由於人所稟之氣有清濁美惡的不同，使仁義有多寡厚薄，所以便形成人的善惡和參差不齊等級的性。他說：

> 人生而有心，是氣之靈覺，其靈覺而有條理處是性。仁義，皆氣之善名，故謂仁氣、義氣。氣有清濁美惡，即仁義之多寡厚薄。其仁義之多而厚，即性之善；其薄而少有欠處者，亦未免有不善。故孟子性善之說，不若夫子之備焉。（《吉齋漫錄・卷上》，頁 25。）

吳廷翰一方面將人性與物性區別開來，認爲人雖得「天地之中」、「太極之理」之全，但另一方面人因得太極之理、天地之中的全偏、多寡有異，又有聖凡、智愚、賢不肖之別，人性遂有等級之分。

> 曰：「受天地之中以生者，人皆然也，而何性有不同歟？」曰：「其受天地之中以生而所同有多寡者，人性之所以有異也。聖人則得天地之中之全矣，大賢則其所得者多矣，以下所得有什佰千萬之不同，則中雖並受於天地，而安能一一皆爲聖人與大賢乎！智愚、賢不肖於此乎別矣。（《吉齋漫錄・卷上》，頁 41。）

> 天之生人，其爲性也固皆相近，然亦有得其性之極全，而其靈覺絕異於眾人者，謂之上知。上知者生而爲善，非習於不善所能移也。亦有得其性之極偏而其昏蔽亦特異於眾人，謂之下愚。下愚者生而爲不善，非習於善所能移也。（《吉齋漫錄・卷上》，頁 24～25。）

他以爲：人雖同受「天地之中」，但所得則有十百千萬的多寡差異，聖人和上智是得極全者，不肖和下愚是得極偏者。不過，愚與不肖之人「形生知發，知誘物化，則遂有失其所以爲人之性者，而與禽獸無幾」〔註80〕，這的確是就後天整體表現來說。但是上智者是「生而爲善，非習於不善所能移也」；下愚者是「得其性之極偏而其昏蔽亦特異於眾人」，除「上知下愚不移」外，人因爲具有原初的天地之中，如果能不自暴自棄，仍能回復人性的本然，而這便是聖人立教之旨，也是孟子性善之意。

〔註80〕（明）吳廷翰，《吉齋漫錄・卷上》，頁 41。

　　誠如論者所言：吳廷翰一方面將人性與物性區別開來，認為人得「天地之中」、「太極之理」之全，這是從質上肯定人性本善；另一方面又說人所得「天地之中」、「太極之理」之全有多寡的區別，這是從量上論證孔子的「性相近」之說。帶有折衷孟子與孔子的性質。〔註81〕

　　吳廷翰以氣稟來解釋人性的差異，與程朱的觀點有類似之處。程頤說：人生氣稟，「稟得至清之氣生者為聖人，稟得至濁之氣生者為愚人」〔註82〕。朱熹說：「氣之為物，有清濁昏明之不同。稟其清明之氣而無物欲之累，則為聖；稟其清而未純全，則未免微有物欲之累，而能免以去之，則為賢；稟其昏濁之氣又為物欲之所蔽而不能去，則為愚不肖」〔註83〕。皆以氣稟和有無物欲之累來解釋聖賢不肖、智愚的差異。程頤、朱熹都認為性本是善，氣稟有善惡，又以形而上下分性氣，以性（理）為本體，氣在稟受性而形成萬物的過程中，產生了差異性，這是氣稟使然。吳廷翰則是氣為本體，氣化為性，因氣本有偏全清濁之性，故化生人物之性有別，也使人性有等級。因本體論的不同，也就是人性本質的不同，雖然皆以人的現實之性是由氣稟所致，但是朱熹以「理」來說明人性的共性，以「氣」來說明人的個體之「性」的特殊性，吳廷翰則皆以「氣」來說明此共性與特殊性，他和程朱在人性論上仍有差異，不可只從字面加以等同看待，不過他們強調透過後天的學習回復性本善卻是一致。

三、性相近，習相遠

　　《論語・陽貨》載：「子曰：性相近也，習相遠也。」孔子沒有對人性做出具體的闡釋，也沒有直接說明人性善惡的問題，吳廷翰對孔子「性相近，習相遠」讚嘆說「後世莫加焉」。他以為人稟氣不齊而性有偏全、厚薄、多寡，但人既得天地之中，不論聖凡莫不各有仁義禮智之性，此正是人性異於禽獸之處，所以人性相近。而人性的等第懸絕是因氣稟再加上習而相遠的。他認為：「生而知之者上也」一章，與「性相近也，習相遠也」、「上知下愚不移」，正相發。〔註84〕以下試以分析他對習與性之關係的見解，正因人之善惡與學習的關係莫大，亦可看出他對學習的重視。

〔註81〕　參見李存山，〈羅、王、吳心性思想合說〉，《哲學研究》1993 年第 3 期，頁43。
〔註82〕　（宋）程顥、程頤，《二程集・河南程氏遺書・卷22上》，頁292。
〔註83〕　（宋）朱熹，《朱文公文集・卷74・玉山講義》，頁20。
〔註84〕　（明）吳廷翰，《吉齋漫錄・卷上》，頁27。

（一）性之不移

吳廷翰以氣稟之性與習之難易來詮釋「性之不移」，他認為上智者是「得其性之極全，而其靈覺絕異於眾人」、「自為善，決不肯習於不善」；下愚者是「得其性之極偏而其昏蔽亦特異於眾人」、「自為不善，決不肯習於善」，其性皆不可以改變，因此「習」是針對「上知以下、下愚以上」的中人而言，也是指性相近的學知、困知之人，他說：

> 曰：天之生人，其為性也固皆相近，然亦有得其性之極全，而其靈覺絕異於眾人者，謂之上知。上知者生而為善，非習於不善所能移也。亦有得其性之極偏而其昏蔽亦特異於眾人，謂之下愚。下愚者生而為不善，非習於善所能移也。夫謂之習者，自上知以下、下愚以上者而言也。若夫上知則自為善，決不肯習於不善；決不肯習於不善，乃所以為上知處。下愚則自為不善，決不肯習於善；決不肯習於善，乃所以為下愚處。若肯習於不善，則不得謂之上知；肯習於善，則不得謂之下愚。以此正見性之不移。（《吉齋漫錄·卷上》，頁24～25。）

> 不移，便是上下二字。近，即學知、困知。相遠，則有由此而進為上知者矣，有由此而流為下愚者矣。惟在學、習二字，習有習於善、習於惡之別。學，則惟其善而已矣。（《吉齋漫錄·卷上》，頁27。）

乍看他性之不移的主張，讓人懷疑他和董仲舒、王充一樣主張「性三品」，他和董仲舒都將習的範圍只限於「中民之性」，又與王充以氣稟厚薄決定人性的善惡相類似。其實他以「性之定否」分人品有四：「眾人是未定者；聖人是能定者；君子是求定者；小人則流蕩不定，不足言也」〔註85〕。吳廷翰「性之不移」的觀點是將上智、下愚之人排除於習之外，也是針對眾人的可教性而發的，並非否定人的可能性，中人能經由學習與否而進為上智或淪為下愚。除了上智與下愚不移之外，後天的學習還是具有影響的作用。因此，在消極意義上，他警惕人不可淪為下愚；在積極意義上，則鼓勵人學習向上。此外，他對「學」與「習」的內容有不同的界定，這區別的意義何在？習的善惡不同使人或向上提升或向下沈淪而相遠，但學則是善的保證，可見學又重於習。

〔註85〕 （明）吳廷翰，《吉齋漫錄·卷上》，頁15。

（二）習由人，而足以知性

因「上知與下愚不移」，「習由人」是針對中人而言。在習與性的關係上，他認爲習的難易與性的薄厚多寡有關，習雖然由人，但從習的難易可以知道其性，他說：

> 習雖由人，足以知性，何也？蓋人性必有此仁而後肯習於仁，人性必有其義而後肯習於義。性之全者不待習而若習者然，其多且厚者習之易，少且薄者習之難。習之難易，即其性之薄厚多寡。至於不習者，必其性極偏蔽而使然也，而仁義幾於無有，然後決不肯習於善而終於下愚也。故曰：習由人，而足以知性者，此耳。（《吉齋漫錄‧卷上》，頁25。）

人肯習於仁義是因他具有仁義的本性，仁義多者則習易，仁義少者則習難，因此，從習之難易可知性的薄厚多寡。這裡所指的「習之難易」是指中人的學習的動力（肯不肯），不是學習的成效，如果是就成效而言，那麼就失去人後天努力的必要性。「習由人，而足以知性者」的意義，是以習的難易作爲性稟氣厚薄多寡的判準，只是可從人習的動力強弱知人氣稟之性而已，真正對人有影響作用的則是習的內容，「習有習於善、習於惡之別」。

（三）習與性成

吳廷翰對「習與性成」的詮釋與他對「習由人，而足以知性者」的意義一致，習與性的關係重在後天習的內容，而不是像王廷相「性成於習」以習作爲性善惡的判準。他說：

> 《太甲》「習與性成」，言習成之惡，與性成底同，非言性之惡也。《註》言「習惡而性成」，非是。伊尹蓋曰：太甲所爲，乃不義之事，習惡所成，遂與性生底一般，蓋狃習不順義理之人而致然也。所以營桐宮而使居之，以密邇先王之訓，則絕比昵之黨，而所習者皆善，所以「克終允德」。若習惡而性成，則是下愚而不移者，豈能遷變而俾其無迷乎！（《吉齋漫錄‧卷上》，頁27。）

他不認爲「習與性成」就是「習惡而性成」，真正「習惡而性成」是下愚之不移者，「習與性成」是指中人而言，已將上智、下愚者排除在外。以爲人習成之惡與性生成者同，是習於惡所致，習於善則可變爲善，因此不是本性之惡，亦即成惡之性是後天習成，不是先天的惡。此足見他性本善的主張，以及他對後天學習的重視。我們將在下一章發現，這點也影響到他的修養工夫論。

　　有關吳廷翰對於人性善惡的主張，有人認為他是力主性善論，有人則以為是善惡皆性。〔註86〕從他以「聖賢扶世立教，取其可以為天下後世訓者，所以為正」的標準來看，他認為孟子性善之功大於告子，反對荀子的性惡論與揚雄的善惡混。以及他堅持「其實性為仁義禮知之實體」、「純粹精一，其名曰性」、「人生而有心，是氣之靈覺，其靈覺而有條理處是性」，且人得「天地之中」，又都具有先天的仁義禮智之性。因此，從這些論點來看，吳廷翰所以為的人性是本善的，承認性是仁義禮智的本源。但他又強調氣即性，人稟氣不齊，性有偏全、厚薄、多寡而有善惡，讓人以為主「善惡皆性」，甚者以為他發揮王廷相的氣有清濁粹駁，性有善惡之分的氣稟論，認為性之善惡是由稟氣之清濁美惡決定的。〔註87〕其實他和王廷相在人性論上的看法並不完全一致，王廷相認為性有善惡，「主於氣質，則性必有惡，而孟子性善之說不通矣。……氣有清濁粹駁，則性安得無善惡之雜」〔註88〕。吳廷翰雖亦主氣質之性，但他不認為氣質之性就是惡；他以為孟子性善說未論及氣是不足，但仍肯定孟子性善之說；即使他強調人欲是性，但人欲並不是惡，這並不能說明性就是惡。王廷相主張「人之性成於習」，人性的善惡決定於後天教化與習染，人們後天「習於名教」，「修其性之善者」，便成為善人；「循乎情欲」，「開其利心」者，便成為惡人。吳廷翰並不贊同「習惡而性成」的「習與性成」，他認為真正「習惡而性成」是下愚之不移者，中人成惡之性是後天習成，並不是先天的惡。基本上他還是一個性本善論者，和王廷相反對先天性至善論的「善惡皆性」是不同的，但兩人重視後天名教、學習之功則是一致的。

　　吳廷翰「性即氣」，其性之善惡雖有取決於氣之多寡、厚薄、偏全、清濁，但是結果是以不偏不倚、無過無不及的「中」為性之體，作為貫通道心人心、天理人欲的極則。因此，在「性即氣」下的人性論，持「中」的意義更甚於氣稟的善惡，亦即在其氣本論下的人性論，旨在強調道德修養的工夫，以及後天學習的意義，最終仍是符合儒家成聖成賢的傳統。從這裡也可以看到氣本論者主張人性本善在理論上的困難高於理本論與心本論者，因為他失去高懸於氣之外的理、心這類的善之本體作為來源，而在程朱理本論的傳統下，

〔註86〕前者見姜國柱，《吳廷翰哲學思想探索》，頁133～137。後者見葛榮晉，〈吳廷翰哲學思想初探——兼論吳廷翰和王廷相哲學之比較〉，《江淮論壇》，1986年第1期，頁92～101。

〔註87〕葛榮晉，〈吳廷翰哲學思想初探——兼論吳廷翰和王廷相哲學之比較〉，頁97。

〔註88〕（明）王廷相，《王氏家藏集・卷28・答薛君采論性書》，頁518。

氣是惡的來源，氣稟之說難以證成性善，如何以氣善作爲性善的依據是其理論要克服的問題。吳廷翰的氣本論仍維持朱子學使自然界與人類社會具有連續性的「天人合一」思惟方式〔註89〕，氣與仁義是「道」的同體異名，仁義是氣的善名，也是善性，即人的本性，他已注意到氣本論的本體論與道德論的整體關係，但對於這個問題尚未能充分予以解決，故令後人的理解、詮釋常有分歧。

〔註89〕 王家驊，《儒家思想與日本文化》，台北：淑馨出版社，1994，頁121。

第四章　修養工夫論

　　吳廷翰以爲人心與道心同出於一性，人心之危是易於失中，道心之微是難於識中，皆應「擇中而守之」，主張將易於流蕩的人心加以節制，將難於體驗的道心加以擴充，那麼，就能回復在「中」的本然之性，這就是聖賢的盡性之學。又人稟氣而生，生而有性，性爲仁義禮智，故人性是善的。可是現實中有不善的人性，吳廷翰認爲這是由於人所稟之氣有清濁美惡的不同，使仁義有多寡厚薄，所以便形成人的善惡和參差不齊等級的性。聖人和上智得氣之極全者，不肖和下愚是得極偏者。除「上知下愚不移」外，人因爲具有原初的天地之中，如果能不自暴自棄，仍能回復人性的本然，而這便是聖人立教之旨。而一般人透過聖人之教亦可以達爲聖人，人人具有成聖的可能，因此，後天的學習具有克治涵養之功，而人「性相近，習相遠」，「習」有善惡之別而使人相差日遠，「學」則是「惟其善」，故他特重於「學」。他又以性之「定」否分別人品：聖人是能定者；君子是求定者；眾人是未定者；小人則是流蕩不定者。〔註1〕因此，在修養工夫上，他以聖人定性爲最高的心性修養境界；以達到聖人盡性之學爲學習的標的，提出格物致知的學習方法。以下探討其對心性涵養察識的主張，並闡發他對格物致知論與知行關係的相關論述。

第一節　主靜寡欲、盡性精一

一、主靜必兼動靜

　　吳廷翰於本體論上認爲氣爲天地萬物之祖，氣中本有陰陽這兩種互相對立

〔註1〕　（明）吳廷翰，《吉齋漫錄・卷上》，頁15。

的作用，陰陽即動靜。所謂「易有太極」的說法，就是包括「陰陽、動靜而言之」。陰陽、動靜是渾淪，無先後之分，太極非以靜為體，反對朱子「靜體而動用」。凡是單獨講陰陽、動靜者，都是指一端，不是講太極之全體。他反對後人據周敦頤「主靜」之說而以靜為太極本體，他贊成二程「動靜無端，陰陽無始」。「動」與「靜」不僅是相互依賴、轉化的，而且可以互相包容、滲透。從氣本論落實至修養論上，他以周敦頤《太極圖說》：「聖人定之以中正仁義而主靜」，作為人生修養的最高境界，他闡發周敦頤的「主靜」說，則承自其氣本論的脈絡，提出「主靜之靜，必兼動靜，乃為太極陰陽之全體；而中正仁義，則動靜陰陽之周流也」〔註2〕。以「兼動靜」闡發「主靜」之靜。他說：

> 「聖人定之以中正仁義而主靜」，此靜字非動靜之靜，乃中正仁義之止處，正太極之全體，而聖人所以定之道也。靜字，亦是定字意。此定少前，靜所以定也。程子《定性書》：「動亦定，靜亦定。」所謂動靜，亦是動靜之靜，所謂定，則此靜字之義。《圖》自注：「無欲故靜。」周子亦恐後人誤以為動靜之靜，故訓之。而《通書》亦曰：「無欲則靜虛動直，靜虛則明，明則通，動直則公，公則溥。」是此「無欲」之字，在動靜之前，為兼動靜而言。若動直、靜虛之靜，則動靜之靜也。此足以相發明矣。（《吉齋漫錄·卷上》，頁 13～14。）

指出「聖人定之以中正仁義而主靜」之「靜」字是「定」字意，「聖人定之以中正仁義」謂聖人以中正仁義之止處為最高之人生境界，此亦正是太極之全體所在，此「靜」是程顥《定性書》：「動亦定，靜亦定」的「定」字之義，非與「動」相對之「靜」，而兼動靜言。周敦頤《太極圖》自注：「無欲故靜。」《通書》：「無欲故靜虛動直。」此「無欲」亦是「靜」意，故「主靜必兼動靜」而言，與動直靜虛之動靜之靜不同。

　　若說周敦頤「主靜」不是涵養工夫，而是涵養工夫所造成的心境，即是心地清明。心居於中正而行仁義，則為主靜。這種靜乃是人心無情欲之擾，中正不偏。〔註3〕那麼吳廷翰以「主靜必兼動靜」詮釋周之「主靜」之「定」，不僅是一種精神的境界，並且以寡欲、敬義夾持，亦包含有涵養的工夫。

〔註2〕 （明）吳廷翰，《吉齋漫錄·卷上》，頁14。
〔註3〕 參見羅光，《中國哲學大綱》，台灣商務印書館，1999 年二次修訂版，頁 142～143。

（一）定必主靜

吳廷翰以周敦頤《太極圖說》：「聖人定之以中正仁義而主靜」，作爲人生修養的最高境界，因聖人是能定者，其「仁義出於自然，動靜合一，純乎天理」〔註4〕，聖人之心「無欲而靜」，可以作爲人行爲表現的最高典範。而一般人「形生神發，五性感動，善惡分，萬事出，其情欲紛然，若是乎其不定也」〔註5〕。故君子修仁義以求定，主靜爲中正仁義之道。因此，雖然《大學》言：「定而後靜」。吳廷翰則提出「靜而後定」、「定必主靜」，以「主靜」作爲修養的工夫，而主靜的境界他認爲即是程顥《定性書》所謂的「廓然而大公，物來而順應」、「內外兩忘，澄然無事」。其工夫處也是《定性書》所言的「以有爲爲應跡，明覺爲自然」，能去除其「自私」「用智」之心就是「主靜」，這就是「無欲故靜」之旨。〔註6〕

又「無欲二字，地步高，話頭大，人豈可輕能」？吳廷翰主張天理人欲皆本於一性，不可「以欲爲非性」，當人欲流蕩爲私欲時會害性，害性的是私欲，而不是人欲本身。在此其「無欲便主靜」之無欲是「無欲其所不欲」，不是絕對性的斷欲主義的「去欲」，因此他認爲「下手處全在寡欲，乃主靜工夫最切當處」。而「敬以直內，義以方外」之敬義則爲寡欲的方法，人透過敬義內外修養的夾持，最後將能磨去私欲，進而達到仁者天理渾然的無欲境界。所以他說：

> 「主靜」之「靜」，只以「無欲」言之爲當。蓋「五性感動而善惡分、萬事出」者，以有欲故也。有欲則爲動。「聖人定之以中正仁義而主靜」，無欲故也。無欲則爲靜。蓋有欲則雖靜亦動，無欲則雖動亦靜。（《吉齋漫錄・卷上》，頁14。）

> 只無欲便是主靜。蓋人能無欲，則雖在翁翳逼塞之中，而此心無物；雖在輵螏紛擾之地，而此心無事。無事無物，便是靜之貞境。然無事以有事爲工夫，無物以有物爲主宰。此處乃是動靜合一之學。（《吉齋漫錄・卷上》，頁16。）

人能在複雜閉塞紛擾交迫的現實生活情境中保有貞定之心，才是無欲主靜之眞義，故其「主靜」是「動靜合一之學」，「主靜必兼動靜」，佛道、陽明末流的枯寂靜坐、不問世事，皆非他的「主靜」之境。

〔註4〕　（明）吳廷翰，《吉齋漫錄・卷上》，頁14～15。
〔註5〕　（明）吳廷翰，《吉齋漫錄・卷上》，頁14。
〔註6〕　（明）吳廷翰，《吉齋漫錄・卷上》，頁16。

其主靜說與王廷相主張「主靜當察於事會」，當於「義理、德性、人事著實處養之」是相通的。也皆是針對當時學者「專務靜坐理會，流於禪氏而不自知」，爲「救其偏之弊」而提出的。〔註7〕雖然王廷相指出周敦頤「主靜立人極」之說是錯誤的〔註8〕，但強調「動靜交養」的意旨，王、吳兩人則是一致的。

（二）靜字渾淪，敬義皆在其中

他一再強調主靜之理爲兼動靜，非不動之靜，即如人的行止動靜能恰如其分，不失其時，亦是「主靜」之義。〔註9〕秉持著「主靜之靜，必兼動靜，乃爲太極陰陽之全體；而中正仁義，則動靜陰陽之周流」，他批評朱熹《太極圖註》：

> 《註》爲「靜者，誠之復而性之眞也。苟非此心寂然無欲而靜，則又何以酬酢事物之變而一天下之動哉」！且曰「聖人中正仁義，動靜周流，而其動也必主乎靜」不免少偏。其引「不專一則不能直遂，不翕聚則不能發散」爲證，則專一、翕聚，終是一偏之靜，猶難兼乎直遂、發散也。蓋主靜之靜，必兼動靜，乃爲太極陰陽之全體；而中正仁義，則動靜陰陽之周流也。（《吉齋漫錄・卷上》，頁14。）

他反對朱熹將靜解爲「誠之復而性之眞」，把專一、翕聚等靜中工夫作爲直遂、發散的根據，在此可看出其「主靜兼動靜」說，與他的氣本論主張：「『易有太極』，乃包含陰陽、動靜而言之，何等渾淪。故凡單言陰陽、動靜者，畢竟皆指一端，非謂太極之全體也」，反對以靜爲體是一致的。

周敦頤將佛、道的「主靜」精神引入儒學中，作爲心性修養的原則和方法，二程認爲主靜是做不到的：「學者以屏知見、息思慮爲道，不失於絕聖棄智，必流於坐禪入定」〔註10〕。而修正「主靜」說，提出「主敬」說。吳廷翰雖然基本上同意朱熹：「主靜似偏，故程子只說敬」、「主靜字只好作敬字看」。但他又說：「《註》以「敬」爲言，乃靜字得力處。敬該動靜，可見主靜

〔註7〕　（明）王廷相，《雅述・上篇》，頁833、《王氏家藏集・卷37・答孟望之論慎言》，頁667。
〔註8〕　（明）王廷相，《雅述・上篇》，頁853。
〔註9〕　《易》：「艮其背，不獲其身，行其庭不見其人，無咎。」《象》曰：「艮，止也，時止則止，時行則行，動靜不失其時，其道光明。」此主靜之理也。夫「時止則止，時行則行」，此止字爲行止之止，分動靜。其曰「艮，止也」，此止乃得其所止之止，則爲兼行止而該動靜矣。（《吉齋漫錄・卷上》，頁16。）
〔註10〕　（宋）程顥、程頤《二程集・河南程氏粹言・卷1》，頁1191。

必兼動靜，乃爲正當」〔註11〕。事實上他認爲「靜」字包含「敬」意，「靜」比「敬」具更多宇宙論意味，「靜」不只是心的虔敬狀態而已。〔註12〕並且認爲周子之意原來即不偏於靜一處，而程朱「主敬」說卻有所偏，他說：

> 勉齋謂：「主靜云者，非不動也。」猶《易》所謂「君子敬以直內，義以方外，敬義立而德不孤」，敬義固未嘗相逆，而敬爲之體。《中庸》曰：「喜怒哀樂之未發謂之中，發而皆中節謂之和，中也者天下之大本，和也者天下之達道。」中和固未嘗相違，而中爲之體。是亦無極太極之義，而非有先後次序也。然敬義對言，則敬終不可無義；中和對言，則中終不可無和；敬義中和分言，亦只是動靜陰陽，終不是渾淪太極。若以靜兼仁義，則敬義中和皆在其中，而內則敬，外則義，謂發則中，已發則和，然後仁義中正而爲太極之全也。（《吉齋漫錄・卷上》，頁15～16。）

> 朱子謂：「主靜似偏，故程子只說敬。」又曰：「主靜字只好作敬字看。」此言固是，但周子主靜之意原不偏，以爲動靜之靜則偏耳。作敬字看固好，但如「敬以直內」則有之，「義以方外」則未也。又曰：「佛有一個覺理，可敬以直內，然無義以方外。要之直內者其本。」亦不是。若看敬字不眞，其病亦如靜然。不若識得靜字渾淪，則敬義皆在其中，而自無此病矣。（《吉齋漫錄・卷上》，頁16。）

他提出「以靜兼仁義」，以「靜」將敬義之內外之道、中和之已發未發統一起來，此爲體現「仁義中正而爲太極之全」。靜字渾淪，得太極之全，敬義之道盡在其中，「主靜兼動靜」合敬義內外之道，可以無「敬以直內」之偏於靜之病。所以在心性的修養上他主張「主靜」、「寡欲」而非「主敬」、「去欲」。雖然他用周敦頤「無欲故靜」，但意思已融合程朱「主敬」的內容，強調動靜合一、敬義夾持的修養工夫。

二、聖人之學盡性而已

吳廷翰以聖人是能定者，聖人之定是「自眾人之不定者而言之，而非以聖人之情其始亦有未定」。而且聖人仁義是「出於自然，動靜合一，純乎天理，而克復又不足言」。〔註13〕又「太極之理，人得之全，聖人得之尤全」。故聖

〔註11〕（明）吳廷翰，《吉齋漫錄・卷上》，頁15。
〔註12〕參見張學智，《明代哲學史》，頁369～371。
〔註13〕（明）吳廷翰，《吉齋漫錄・卷上》，頁14～15。

人之學只是盡性而已，盡性之道就是精一執中〔註14〕，其次則是養性，養性之道即是戒懼慎獨〔註15〕。但君子克復修之，「其次致曲，曲能有誠」，亦可成聖，因此君子「貴乎盡性之學」。〔註16〕眾人透過修德、凝道、致曲之戒懼慎獨的涵養，由率性而養性進而亦可達到聖人盡性之境。〔註17〕他以聖人盡性之學作為學之最高鵠的，而一般人透過後天的涵養，以及格物致知之學，循序以進，終可成聖。《大學》之格物致知與《中庸》之戒懼慎獨是並行不悖的經緯關係，順著格物、致知、誠意、正心、修身之次序，能格物、致知、誠意、正心自然即能有修身，自有戒懼慎獨之功效，才是精一、博約之旨。因此，人如何達到聖人盡性之學的涵養工夫也是他修養工夫論的主要內容。

（一）聖人之學精一、一貫

1. 精者，察識之真；一者，持守之嚴

吳廷翰的心性論以為人心與道心同出於一性，因此其「本同」，其「所發亦同」，但心「下梢已涉形氣，便有不好的在」，心亦自有不是處，有「微危之故」。又因人心的萌發易於流蕩，道心的萌發難於體驗，皆有過與不及而不得其「中」處，所以「微危」的原因在於不得其「中」。而「精一」就在於「守中」，將易於流蕩的人心加以節制，將難於體驗的道心加以擴充，那麼，就能回復在「中」的本然之性，這就是聖賢的盡性之學。人心之危是易於失中，道心之微是難於識中，皆應「精一」以「擇中而守之」。所謂的「精一」就是察識涵養之工：

> 聖人之學，精一而已矣。精者，察識之真，人心道心皆必有以審其幾焉。一者，持守之嚴，人心道心皆必有以守其正焉。如是，則人心之危者有以節制之而安，道心之微者有以擴充之而著，是為有得乎不偏不倚之本體，而自無過不及之差矣，豈非信能執其中乎？信執其中，亦只是本然之性，因其發之於心，故聖賢於心上用工，亦自心上立言，其實盡性之學也。精一之說，亦只是《中庸》戒懼、慎獨。或疑《中庸》戒懼、慎獨只是惟一，故以惟精為惟一工夫，以明善為誠身工夫。夫戒懼、慎獨而不昧其幾，致其精，戒懼、慎獨而不二其守，致其一也，工夫雖一，而其界甚明。惟聖人之學，

〔註14〕 （明）吳廷翰，《吉齋漫錄・卷上》，頁34。
〔註15〕 （明）吳廷翰，《吉齋漫錄・卷上》，頁27。
〔註16〕 （明）吳廷翰，《吉齋漫錄・卷上》，頁23。
〔註17〕 （明）吳廷翰，《吉齋漫錄・卷上》，頁27。

精一、一貫。其次，則未有不自精而一者。如或者之說，但求簡易，然充其類，則禪定之流矣。故此四言可以明心性之學。(《吉齋漫錄·卷上》，頁32。)

吳廷翰立足於「精一」之說，批評佛禪明心見性、陽明致良知之說。「精者，察識之眞」，因心生於性，而性的根源是氣，心有生於形氣之惡，人心道心危微須有察識辨別，然後可知「孰爲吾性之所發，爲吾本心？孰爲非性所感，而非吾本心？」〔註18〕此察識辨別就是格物致知。「一者，持守之嚴」，將察識辨別得的人心道心之中則執守其正。故如「舜之好問好察而用中，即是精一處」。其「精一」說綜合《大學》和《中庸》的修養工夫，他以《大學》的「自格物以至修身」爲經，《中庸》的「戒懼愼獨」爲緯，認爲兩者工夫經緯錯綜，並行不悖。他說：

舜之好問好察而用中，即是精一處。顏子之擇乎中庸，得一善則拳拳服膺，即是博約處。夫好問好察與擇中庸，其爲格物致知之學甚明。今謂戒懼愼獨爲精一博約，而疑程朱格致之說之非，則當其好問好察與擇乎中庸之時，獨無戒懼愼獨之功乎？而戒懼愼獨之功，將無所施於好問、好察、擇善之時乎？蓋聖賢言學，經緯錯綜，無所不可。《大學》自格物以至修身，乃其自然之序，順而施之，經也；若戒懼愼獨，則格、致、誠、正自然之功，橫而貫之，緯也。豈可因《中庸》之是，而疑《大學》之非乎？況戒懼愼獨，以爲約禮雖明，以爲博文則不甚明。必通於經緯之說，然後知博約、精一之旨，與格致誠正、戒懼愼獨之義。橫來豎去，並行而不悖矣。(《吉齋漫錄·卷上》，頁37～38。)

大陸學者張學智對此段論述詮釋明白，可爲參考，他說：吳廷翰認爲《中庸》重在講戒懼愼獨內心修養功夫，與《大學》講整個修養目標的不同步驟完全兩樣，而內心修養實可貫穿於各修養步驟中。各修養步驟中的始終戒愼，是縱中之橫；在戒懼狀態中進行不同的功夫步驟，是橫中之縱。《中庸》的博約、精一與《大學》的三綱八目綰合一起，縱橫交錯。〔註19〕

因此，吳廷翰又認爲《大學》、《中庸》「只是一個學，一個工夫，自格物以至於平天下，自戒懼以至於致中和，一而已矣」。但二書工夫有別，「《大學》

〔註18〕 （明）吳廷翰，《吉齋漫錄·卷上》，頁36。
〔註19〕 張學智，《明代哲學史》，頁381。

是直去的工夫，故有次序；《中庸》是橫貫的工夫，故無次序」〔註20〕。不過此種察識涵養功夫並行不悖的經緯關係是聖人之學，雖然精一之說，「亦只是《中庸》戒懼、慎獨」，但「戒懼慎獨，以爲約禮雖明，以爲博文則不甚明」，不免令人置疑「《中庸》戒懼、慎獨只是惟一」。再者，「戒懼、慎獨而不昧其幾，致其精，戒懼、慎獨而不二其守，致其一也，工夫雖一，而其界甚明」。只有聖人之學能精一、一貫。其次，則「未有不自精而一者」。此則意謂理想的學習方法是察識持守並行，退而求其次則是先察識而後持守，一般人的學習就是先察識事物之理（此理是指條理、分理，不是本原的天理），然後要守住此理，堅定心思力行之，這也就是「定性」之學。

2. 有得於貫而漸悟乎一

吳廷翰所謂的一貫之說，即其博約說。貫謂多，一謂總；貫謂分殊，一謂理一。學貴能廣博然後加以貫通。〔註21〕他認爲「天下之理不出乎一，故自一而得天下理。所謂『易簡而天下之理得』者，即此，此「一貫」之本旨也。」然而只有生知之聖人能直接把握此「一貫」之道的，大賢以下卻未能如此，只能先於分殊上用功：「必于貫上用功」，久之則能「一以貫之」。他並且舉孔子教學爲證說：

> 若學者即于一上用功可得，則夫子何不即教人以一，何故獨以語曾子，而平日之教止于「文行忠信」，雅言止于「詩書執禮」，雖以子貢、仲弓問答，猶未之及。可見孔門弟子尋常用工，多是隨處隨事，腳踏實地，使之積累以俟貫通，乃因其學力資質之常分。今經生學子未能窺孔門諸子之門牆，而教者高談「一貫」，不亦異于夫子乎！
>
> （《吉齋漫錄·卷下》，頁68。）

此處所言的「隨處隨事，腳踏實地，使之積累以俟貫通」，就是於「貫上用功」之意，他強調「聖門之學，只在逐事逐物、一言一行上用功。蓋以事物言行，不離乎貫而爲一，不離乎末而得其本」。〔註22〕因此，可說這「貫上用功」是一種實學的求學方法。何以學者應於「貫上用功」？他指出：

> 蓋天下之理具于吾心而散在萬事，凡做事皆是此心，所以心上工夫必于事上得之。如有愛親之心，必做出愛親實事；有敬長之心，必

〔註20〕 （明）吳廷翰，《吉齋漫錄·卷下》，頁51。
〔註21〕 張學智，《明代哲學史》，頁381。
〔註22〕 （明）吳廷翰，《吉齋漫錄·卷下》，頁53。

做出敬長實事，方有下落。若只說我有愛敬之心，而無其事，則只是個空虛。所以予嘗說：「無貫做不成一。」若于一上做得成，聖人何故不以此立教？何故遺此一個頓悟超脫之妙，易簡之方，使異教得之，而反出其下也？（《吉齋漫錄・卷下》，頁68。）

可知其「貫上用功」處包含倫理的實踐，吾心雖具有天下之理，但若是只有心（即所謂一者），卻無法於事上（即所謂貫者）體現其心是無意義的，這也就是「無貫做不成一」之意。並且，他以為踏實地求學的態度才是大本一貫之道，他批評陸九淵「先立乎其大者」說是「反求之高遠，茫茫蕩蕩的全無實地」，王陽明倡言的「大根本、大頭腦」是「不求諸貫而徑求諸一」：

今人好說大本、一貫，也只是個鶻突不明白的學問，何曾知那大本、一貫？……不知大本一貫，從何便得？此聖人事，須是聖人纔能立天下之大本，纔說得「一以貫之」。而今說得太易了，使人疑惑不信，故反求之高遠，茫茫蕩蕩的全無實地。不如且只低頭理會「博學而篤志，切問而近思」，「言忠信，行篤敬」，久而成熟，徹上徹下，大本一貫，不出乎此矣。（《吉齋漫錄・卷下》，頁53。）

「一貫」之旨，夫子之語曾子，重在「一」上，不言可知。蓋曾子于此個一將悟未能，夫子因其機而語之。若貫，則曾子之所嘗用力而有得焉者也。今人語學者一貫，動輒曰一云云，何其易乎？使曾子已得于一，則夫子自不須復告以貫；若尚未得于貫，則夫子亦不遽告以一。此可見學者用功，須如曾子有得于貫而漸悟乎一；不當如今人只說大根本、大頭腦，不求諸貫而徑求諸一也。不求諸貫而徑求諸一，是學且過于曾子，而教不待聖人矣。何古人一貫之難傳，而今人一貫之易曉也！（《吉齋漫錄・卷下》，頁67～68。）

他的批評旨在強調學者只要能有篤實的學習態度：「博學而篤志，切問而近思」，「言忠信，行篤敬」，積累既久自然能成熟有得，這也就是「有得于貫而漸悟乎一」的道理，「徹上徹下，大本一貫」之境界，亦是自此而得。這「有得于貫而漸悟乎一」的見解，強調了工夫、積累以及從漸到悟的轉化，學者透過連續不斷日積月累的工夫以待貫通。〔註23〕他甚至認為儒與佛道異端之別就在於一與貫的態度不同：

〔註23〕袁爾鉅，《吳廷翰哲學思想》，頁117～118。

聖人之一，以一統乎貫也。異端守一而已，曾何貫之有？儒釋之分，
正在于此。不知一而泛求諸貫，非聖人之學也。舍貫而徑求諸一，
亦非聖人之學也。故聖人之學必「一以貫之」，蓋合內外之道。愚所
以必欲說學當于貫上用工者，豈不知一理貫通，而心上工夫易簡也。
顧一之工夫，要在貫上做乃可得，蓋即貫是一，則一始可貫耳。(《吉
齋漫錄・卷下》，頁 68～69。)

他所說的「一」就是「理」，此「理」是就「天下之理不出乎一」之意義而言，
此「理」是事物之理非本體義之理，是「總」的概念，它是個別的整合，儒
者雖以「一統乎貫」為目標，卻要先從分殊的個別之理上用功，然後再「一
以貫之」，這是一種積漸的工夫。而佛之求頓悟是「守一」、是「舍貫而徑求
諸一」的作法。雖然他強調「貫」，但並非不要「一」，他說：「不知一而泛求
諸貫，非聖人之學也」，只因「一之工夫，要在貫上做乃可得」，「即貫是一，
則一始可貫耳」，他不否認「一理貫通，而心上工夫易簡」，只是能直接把握
「一」者實在少有，是故在為學的工夫他總是強調積累的務實態度。

（二）窮理是聖人分上事；格物是學者分上事

中國思想家所主張之修養論，是要使吾人的本心本性能在具體生命中
有恰當而充盡的表現，其工夫與修養乃是源於心性自身的要求。吳廷翰所
主張的修養工夫正是源自其心性論的氣稟之性而發，人因稟氣不齊而有節
級，而生知之聖人因得「天地之中之全」，其心「無欲而靜」，是能定者，
為最上等之人品，可為人格修養的典範。自然地，在為學的態度上，吳廷
翰稟持著「不戾乎聖人言」〔註24〕，不離崇聖尊經的傳統。在修養工夫上，
他區分聖人事與學者事，以為《大學》之格致、誠正之類，正是聖人為學
者立教處，要人循序、著實。他於為學方法上所強調之積累、由貫而一的
實學態度正是循序、著實工夫的體現。此種循序的節級觀念亦反映於他對
《大學》之「大學之道，在明明德，在親民，在止於至善」與「格致誠正
修齊治平」的詮釋上。

1. 格物教人必是要人循序，要人著實

他以為《大學》格致、誠正之類，正是聖人為學者立教處，教人要循序、
著實，批評陸、王以一個格物了卻《大學》：

〔註24〕關於吳廷翰「不戾乎聖人言」的為學態度，衷爾鉅論及其為學之方法有詳細
之探討，《吳廷翰哲學思想》，頁 111～116。

「窮理盡性以至於命」，是聖人事。格物、致知、誠意、正心、修身以至於平天下，是學者事。孔子生知，窮理盡性至命，合下便了，而其立言猶曰：「吾十有五而志於學，三十而立，四十而不惑，五十而知天命，六十而耳順，七十而從心所欲不踰矩。」亦是教人爲學，故不得不分如此節級。《大學》格致、誠正之類，正是聖人爲學者立教處，豈便說得合下便了。合下便了，是有此理，而豈學之可能乎？若如今人之說，則只消一個物格，知便至，意便誠，心便正，身便修，家、國、天下便治、便齊、便平，便是明明德於天下，便是止至善。苟如此，則《大學》立言當初，只說一個格物便好休，何故又說致知、誠意、正心、修身等許多條件？既是有此條件，必是有此工夫；既是有此工夫，必是有此節級。格物，教人必是要人循序，要人著實。今說乃將一個格物，便要了卻《大學》。使人虛驕急迫，皇惑躁妄，病有不可勝言者。夫子循循善誘、博文約禮之教，乃若是乎？（《吉齋漫錄・卷下》，頁 42～43。）

他強調學的工夫與節級，認爲《易》言「窮理盡性以至於命」是聖人事，聖人於身心、家國只是一貫，不須言學；《大學》言「格物、致知、誠意、正心、修身以至於平天下」是學者事，格物工夫有漸次，致知、格物乃窮理之始，窮理乃致知、格物之終。格物致知即是切磋之學，即是恂慄，恂慄即是敬的工夫，用於學問自修者。所謂學即是格物致知；所謂自修即是誠意、正心、修身。在聖人則只是一個明德，一個至善，一個敬；學者爲之，則只是一個學，一個自修，一個恂慄。聖門之學，只在逐事逐物、一言一行上用功，「博學而篤志，切問而近思」，「言忠信，行篤敬」，久而成熟，徹上徹下，大本一貫，不出於此。

綜觀以上論點，因人有氣稟的限制，他將聖人事與君子事做了區分，以聖人事表達理想人生之境界，以君子事作爲現實人生的工夫，透過循序、實學的學習態度實現理想人生。因此，他的格物致知論重視「驗之於物而得之於心」的眞知。

2. 「明德」即是「至善」；「親民」之爲「新民」

朱子於《大學章句》中認爲「明明德、親民、止於至善」是「大學之綱領」，「格物、致知、誠意、正心、修身、齊家、治國、平天下」是「大學之條目」，並解釋此二者之關聯說：

> 修身以上，明明德之事也。齊家以下，新民之事也。物格知至，則
> 知所止矣。意誠以下，則皆得所止之序也。(《四書章句集注》)

朱子「綱領──條目」說的實質內容，亦即將「明明德」等三項說成「八事
之要」的總「綱領」，把「格物」等八事看做「明明德」三項所「分析開」來
而得的「條目」。吳廷翰則立足於他以太極爲氣的氣本論以及氣本的心性論，
說明德的源頭，以一個工夫將學、明、親、止統一起來，以「明德」爲至善
之性，並且爲下文條目的總綱，他說：

> 道、德、善三字，即是一物；學、明、親、止四字，即是一個工夫。……
> 說明明德，親民、至善已在裏面，止至善只是申此義，非謂上之明
> 明德、親民猶非至善，必至此而後止也。至善源頭，是「繼之者善，
> 成之者性」，其上著至字，即理上著天字，極上著太字，謂善之至，
> 謂善之至，非有加於善也。

> 明德，即是至善。以得之自然曰德，以理之本然曰善。善曰至，明
> 曰德，其義一也。(《吉齋漫錄‧卷下》，頁 42。)

他認爲明德之德乃「得之自然」，此「自然」是氣亦是性，是順著理本然的規
律而來，所以「至善，乃指出明德之本體」、「明德，即是至善」，明明德就是
盡性。而且他以明德爲人有此身價值的先決條件：「人有此德乃有此身」，可
見人仍是一道德的存在。[註 25] 他指出學者「於物則格，於知則致，於意則
誠，於心則正，於家、國、天下則齊、則治、則平」，此皆所以明此至善之德，
其中家、國、天下是親民的工夫，所以「親民亦是明明德，即盡性；親民即
盡人之性」，又「盡人性亦即是盡己性」，如此「明德」爲下文條目的總綱，
於是將明明德與親民的工夫結成一體。這觀點又與王陽明有似是而非之處，
不能不加以辨別，王陽明說：

> 自「格物致知」至「平天下」，只是一個「明明德」。雖親民亦明德
> 事也。明德是此心之德，即是仁。「仁者以天地萬物爲一體」，使有
> 一物失所，便是吾仁有未盡處。(《王陽明全書‧卷 1‧語錄‧傳習
> 錄上》，頁 25。)[註 26]

> 《大學》工夫即是明明德；明明德只是個誠意；誠意的工夫只是格

[註 25] 參見王俊彥，〈吳廷翰的格物致知論〉，《儒學與現代管理研討會》，南臺技術
學院，1996 年 11 月，頁 36。

[註 26] （明）王守仁，《王陽明全書》，上海：上海古籍出版社，1992。

物致知。……《大學》工夫只是誠意；誠意之極便是至善：工夫總
是一般。（《王陽明全書‧卷 1‧語錄‧傳習錄上》，頁 38～39。）

王陽明雖說：「親民亦明德事」，但其所指稱之德是「心之德」，與吳的「性（氣）
之德」不同；又他以爲「大學工夫只是誠意」，以誠意爲學問的大頭腦處，正
是吳廷翰所竭力攻擊點，吳主張「《大學》之教，格物乃用功之始，以次而及
致知、誠意、正心、修身，其工夫都在後」〔註27〕。也意謂著學者盡性之學
是有節級、次序的，不像聖人生知，「合下便了」。

廷翰與陽明雖皆以至善爲明德，但陽明是以良知上盡人我之明德爲親民；
廷翰則由現實上教養人我之明德爲新民。〔註28〕對於王陽明《大學古本》將「親
民」作「親」不作「新」解，言「明明德必在於親民，而親民乃所以明其德」，
吳批評他「顛倒橫決」是「墨子無父之道，而二本之說」、「言之贅而不明」，甚
至指責說是「真所謂詖淫邪遁之尤者」。廷翰質疑說「天下之民不能盡親，而吾
之明德何時而可明」，又批評他是「好高自勝」、「誣聖賢以誤後學」。〔註29〕他
認爲「親民之止至善，只在盡乎天理之極而無人欲之私上，不是必到天下平處
方爲至善。……蓋新民而至天下平，則其教化浹洽深厚，時雍風動，亦自可見」。
「親民」之爲「新民」是「自明明德而推以及人」，而且「先後之序曉然明白」，
他著重於此先後之序來詮釋「親民」之爲「新民」的合理性，他說：

「親民」之爲「新民」者，蓋事吾之父兄是「明德」，而能盡孝弟有
以及人之父兄而使人能孝弟，便是「新民」。民之孝弟，是人自盡，
吾有以教之耳。……若〈平天下〉章，則正是有以養其民而興教處，
非二理也。……蓋教養一理，自有先後。若說「新民」，則自能兼養；
若止說養，則遺卻教之一節。此《大學》「新民」之旨也。（《吉齋漫
錄‧卷下》，頁 44。）

吳認爲「新民」兼養教，是先盡己明德本性，再使人盡其明德之性，具有推
己及人的先後次序，「教養一理，自有先後」，其先後仍不失由內而外的工夫
論，是自養而後教，而他認爲王陽明「親民」說只是主養而遺卻教。以上從
他主張「親民」之爲「新民」的論據看來，他依循於儒家內聖外王的傳統，
即使是政治論也是要循序、著實。

〔註27〕（明）吳廷翰，《吉齋漫錄‧卷下》，頁 50。
〔註28〕參見王俊彥，〈吳廷翰的格物致知論〉，頁 37。
〔註29〕（明）吳廷翰，《吉齋漫錄‧卷下》，頁 48。

第二節　格物致知論

一、格物只是至物

（一）格只當訓至，不必以為窮至；物只當作物，且不必為事物之理

「格物」之「格」二程訓為「至」、「窮」，程頤：「格，至也，如『祖考來格』之格。凡一物上有一理，須是窮致其理」。「格猶窮也，物猶理也，若曰窮其理云爾。窮理然後足以致知，不窮則不能致也」。〔註30〕格物即是窮至事物之理。朱熹加以承繼發揮，他的格物具有多層次含義，至少有：「即物」、「窮理」、「至極」三個意思。其中「窮理」是最基本的含義，而欲窮理就必須「即物」，窮理又必須窮「至乎其極」。簡言之，格物就是「即物而窮極物理」，即在具體事物中窮盡事物的本然之理。〔註31〕對此格物說，吳廷翰同意程朱把「格物」訓為「至物」，但是他不贊成將「物」訓為「事」、「理」，把「格物」說成「窮理而至於物」。他說：

> 明道曰：「『致知在格物』。格，至也，物，事也。事皆有理，至其理，乃格物也。」又曰：「『致知在格物』。格，至也，窮理而至於物，則物理盡。」二說少異，前說為當，而亦有未備處。（《吉齋漫錄‧卷下》，頁45。）

在此他批評程顥之說的「當」與「未備處」，簡言之就是：「格只當訓至，不必以為窮至；物只當作物，且不必為事物之理」。他所持的理由是著眼於「窮理是聖人分上事，格物是學者分上事」；「致知、格物乃窮理之始，窮理乃致知、格物之終」。立足於學要著實、有漸次、有節級而言的，他說：

> 格物比言窮理不同。窮理是聖人分上事，格物是學者分上事。窮理自一理上便了，格物須物上見得此理，有實地，然後漸次可進。凡學，皆為學者言，故《大學》自格物、致知以至於平天下，皆有節級。若聖人於身心、家國只是一貫，又何須言學。（《吉齋漫錄‧卷下》，頁45～46。）

> 蓋格只當訓至，不必以為窮至；物只當作物，且不必為事物之理。
> 蓋物必有理，言物則且言格，言理則當言窮。格物工夫有漸次，窮

〔註30〕 （宋）程顥、程頤，《二程集‧河南程氏遺書‧卷18》，頁188、《二程集‧河南程氏粹言‧卷1》，頁1197。

〔註31〕 參見葛榮晉，《中國哲學範疇導論》，頁372～376。

　　理工夫無漸次。格物正是自知而行，有先後；窮理則是合知行而一，
　　更無先後。《大學》是爲學者，故曰致知、格物；《易》爲聖人言，
　　故曰：「窮理盡性以至於命。」要之，致知、格物乃窮理之始，窮理
　　乃致知、格物之終。（《吉齋漫錄・卷下》，頁47〜48。）

他將「格物」界定是學者事，因爲理虛物實，學者無法像生知之聖人一窮理
便了，須透過格物才能見得此理，而格物工夫有漸次，自知而行，是由格物
致知之知進而誠意正心修齊的行，有先後之分，所以說：「致知、格物乃窮理
之始，窮理乃致知、格物之終。」

　　吳廷翰雖然反對將格物說成「窮理而至於物」，但強調物上見理方是實，
此論點與朱熹強調即事即物去窮究物理有相似之處。朱熹說：「人多把這道理
作一箇懸空底物，《大學》不說窮理，指說箇格物，便是要人就事物上理會，
如此方見得實體，所謂實體非就事物上見不得」。「格物，不說窮理，卻言格
物，蓋言理則無可捉摸，物有時而離，言物則理自在，自是離不得」。〔註32〕
朱子認爲《大學》何以不直說窮理而只說格物，是由於《大學》要爲人指明
窮理的具體作法，「只是使人就實處窮意」，窮理不能離開具體事物的觀點，
這正是吳廷翰所重視的。但是根據朱熹哲學，在本源上理可以在氣之先，而
氣與萬物既生之後，理即在氣與萬物之中，從而在現實世界中並沒有獨立存
在的理，因此窮理必須即物接物。〔註33〕朱子的「格物」、「窮理」歸根是通
過「格物」、「致知」、「豁然貫通」等階段，即通過對每一事物中的「理」的
體認的積累，突然間使內心中的「天理」與外物的「天理」相合，達到本體
的「理」自己與自己的結合，有一個由量的積累到質的飛躍的過程。〔註34〕
他的方法論是從他的理本論出發的，而吳廷翰則立足於氣本論下，理只是氣
之條理、規律，現實中的理隱微難以把握，故要透過事物才體證理的存在。

（二）事涉作為，而物乃本體，理虛而物實，物有萬殊，而理則一而已

　　正因吳廷翰所認知的理並非懸於物上的虛理，理不是獨立存在的精神實
體，理只是氣中的理則、規律，格物的目的就是於物上見得此理，故他主張
從「物實」處致知，體現了求實的精神。他反對格物之物訓爲「事」、「理」
的理由是：

〔註32〕（宋）朱熹，《朱子語類・卷15》，頁461〜462。
〔註33〕陳來，《朱熹哲學研究》，文津出版社，1990，頁256。
〔註34〕參見王家驊，《儒家思想與日本文化》，頁85〜86。

蓋物固是事，物必有理，所以不曰格事、格理，而必曰物者，蓋事涉作爲，而物乃本體，理虛而物實，物有萬殊，而理則一而已。夫格物若求一理，豈不簡易，然而萬殊則一理之變動，亦不可不察也。只於作爲上求，亦不見物之本體，所以《大學》說格物。(《吉齋漫錄·卷下》，頁45。)

蓋此個物字且不須訓作事字，只謂之物，事便在其中。然大段只是個理，所以不曰格理而曰格物者，「有物有則」，「則」即是理。但理字虛，物字實，不言物而言理，則致知工夫猶無著落。此《大學》之教，所以使人從實下手處，故特地立此二字以爲致知之則也。(《吉齋漫錄·卷下》，頁46。)

他認爲《大學》說格物不說格事、格理，是因爲物已蘊涵了事和理，若說格事，事只是行爲、活動等作爲，格事「只於作爲上求」，便不能認識物之本體。若說格理，理易偏形上之虛將使致知工夫無著落，而物具體著實則使人有可循的下手處，格物若求一理雖然簡易，但對於由一理變動而來的萬殊之物不可不察。此求實的精神正是他「一貫」的求學態度，與他所主張一貫之說是相符合的，分殊謂貫，理一謂一。

　　陳來闡發朱熹「理一分殊」之說頗詳盡，在此參考其說，進一步辨析吳廷翰「物有萬殊，而理則一而已」的意涵與程朱之說的異同。陳來指出：程頤「理一分殊」說表現一種倫理學的意義，即道德的基本原則表現爲不同的具體規範，且包含道理的普遍與特殊、統一與差別的問題。而朱熹發揮其義，朱子所謂的具體萬物之「理」，有時是指事物內部所稟得的天理，即仁義禮智之性；有時則指具體事物的規律、本質，前者之意即是「性理」，後者即是「分理」。朱子「理一分殊」有本體論的說法，即指作爲宇宙本體的太極與萬物之性的關係，而且也是認識論與方法論的基礎。朱子說：「聖人未嘗言理一，多只言分殊，蓋能於分殊中事事物物頭頭項項理會得其當然，然後方知理本一貫」〔註35〕。分殊決定了積累的必要性，理一決定了貫通的可能性，理會分殊是貫通一理的基礎，貫通一理是理會分殊的目的和結果。〔註36〕

　　朱子「理一分殊」有本體論的說法：「蓋體統是一太極，然又一物各具一

〔註35〕（宋）朱熹，《朱子語類·卷27》，頁1086。
〔註36〕參見陳來，《朱熹哲學研究》，頁49～64。

太極」〔註37〕。他在理氣二分下，把太極說成「理一」，具體事物爲「分殊」。吳廷翰雖然在本體論上沒有明確地表達他對「理一分殊」的見解，但從他主張的「理氣一物」、「理爲氣之條理」來看，他接受「萬物統體一太極」，反對「一物各有一太極」，所以他與朱子「理氣二分」下的論調不同，反而接近於羅欽順所闡釋的「理一分殊」之義，把「理一」解釋爲一氣運動的總規律；「分殊」解釋爲氣化所產生的具體事物的特殊規律，二者皆根源於一氣，羅欽順不把「理」視爲具體事物的依據，而是認爲一般存在於個別之中，並通過個別表現出來。故他說：「其理之一，常在分殊之中」，又說：「所謂理一者，須就分殊上見得來，方是眞切」〔註38〕。因此人的認識必須先從個別開始，然後達到一般，也就是從具體再到抽象，這也就是「由博反約」，他說：「蓋通天地人物，其理本一，而其分則殊。必有以察乎其分之殊，然後理之一者可見，既有見矣，必從而固守之，然後應酬之際，無或差謬。此博約所以爲吾儒之實學也」〔註39〕。因此，若不論及「理一分殊」的本體論根據，而就認識論與方法論來看，吳廷翰與朱熹、羅欽順皆強調積漸工夫，體現實學的精神，亦皆是肯定人的認識可以由個別上升到普遍。

（三）即物是物，即事亦物

吳廷翰所指稱的「格物」之「物」究竟是何？何以能蘊涵了事和理？大陸學者就唯物論立場，過度強調物的客觀性，而忽略其精神與心理的意義，認爲吳廷翰他所指的物，即是存在於人主觀意識之外的天地萬物。〔註40〕「至物」之「至」只是「接觸」之意，「至物」就是物上見理，是通過接觸事物獲得知識。〔註41〕嚴格來說，將「至」解釋爲「接觸」並不準確，「接觸事物」應是朱熹的「即物」之意才對。袁爾鉅甚至就以唯物論爲依據來批評吳廷翰對「物」的解釋不徹底：

> 「事涉作爲，而物乃本體，理虛而物實。」……把「物」解作「事」，就包括「作爲」即包括精神活動和心理現象。在精神活動和心理現象上「格」，乃看不到它背後事物的本然狀態；言格物不言格理，物字

〔註37〕　（宋）朱熹，《朱子語類・卷94》，頁3823。
〔註38〕　（明）羅欽順，《困知記・卷上・14》，頁7、《困知記・卷下・59》，頁41。
〔註39〕　（明）羅欽順，《困知記・續卷下・10》，頁84。
〔註40〕　萬榮晉亦持此說，《中國哲學範疇導論》，頁324。
〔註41〕　袁爾鉅，《吳廷翰哲學思想》，頁85。

實，理在物上，則理有著落。可見他的「物」乃是唯物論者所指的物，存在於心外之物，人的主觀意識之外之物。……吳廷翰在格物致知上，對「物」和「知」的解釋也有不徹底之處，他曾反對把「物」訓作「事」，但自己卻說「明德是一物，新民亦一物」，甚至把誠意、正心、修身等精神活動看作「物」。(《吳廷翰哲學思想》，頁85～86。)

這正表現了唯物論的偏執，只將物當作是人主觀意識之外的天地萬物，才會認為吳廷翰對物的解釋不徹底。吳廷翰在闡釋《大學》之道時，他詳細地以三綱八目解釋格物之物，他說：

> 格物之物，自《大學》之道言之，則道是一物，學亦一物。分之，則明德是一物，新民亦一物。又分之，則誠意、正心、修身為明德之物，其家、治國、平天下為新民之物。又細分之，則好惡是誠意之物，忿懥、恐懼、好樂、憂患是正心之物，親愛、賤惡、敬畏、哀矜、敖惰是修身之物，孝悌、慈、仁、讓、義利、絜矩等是其家、治國、平天下之物。自道字一路言，則即物是物；自學字一路言，則即事亦物，要在活看。致知在至物，則自誠意以至於平天下，物皆在其中。若善惡二者，則其大端、本末兩言，乃其大旨也。故曰「物有本末」。又曰：「此謂知本。」觀於此言，則可以知格物之說矣。(《吉齋漫錄·卷下》，頁46。)

可見他所指的物包括倫理道德、修養之事，甚至各種情感。雖然他反對程朱以「理」訓物，陽明以「事」訓物，但基本上他是統攝二者的，他重視物之本體，卻也不反對物可包括精神活動和心理現象，「自道字一路言，則即物是物；自學字一路言，則即事亦物，要在活看」其義就在此。以唯物論的觀點來檢視吳廷翰的思想是有偏頗的，何況，若說「至物」只是單純地是接觸事物獲得知識，這又違背他的真知精神。(詳見下文)

日本學者岡田武彥指出吳廷翰不遵從朱子以物為事，直接以格物為窮理之說，那是因為有兩點考慮：(一)所謂「物」，包括道、德、學、行等等，包括了心之內外；而「事」在「物」之中，所以事不如物廣大。而且若以物為事，就會使格物的工夫陷於「作為」。(二)物實而理虛，物百殊而理一。所以不著落於致知的窮理、無次序的格物實地工夫是沒有的。〔註42〕此見解正可以用來闡釋吳廷翰「至物」之「物」的內涵與精神。

〔註42〕 (日)岡田武彥，《王陽明與明末儒學》，頁332。

二、致知必驗之於物而得之於心，乃爲眞知

吳廷翰認爲天下之理雖備於吾心，但又散在萬事之中，所以如果不在事物言行上用工夫，就會陷於佛的懸空。因而他主張《大學》致知格物、《論語》的忠信恭敬是爲學之要，並以讀書講學爲旨。〔註43〕他認爲《大學》之教，在使人從實處下手，故以「格物」作爲「致知」之則，而「格物」之訓爲「至物」就是使致知工夫有著落。他主張致知即是至物，至物乃爲致知，「使致知者一一都於物上見得理，纔方是實」，「吾之知若不至物，則是空知」，強調此知爲「眞知」，而且此「知只在物，則不可求物之外」〔註44〕，他說：

> 蓋知已是心，致知只求於心，則是虛見虛聞，故必驗之於物而得之於心，乃爲眞知。此正聖賢之學，所以內外物理合一處。異教說心，豈不玄妙，但一切求心，其於天下之物皆以爲粗跡繁細，遂爾屏覺厭棄，至於離父子君臣而去之，乃自己一身猶以爲多爲幻，蓋只爲不肯向物上體察，以爲如此則是著相，故只懸空想出一個虛妄的道理，反以爲眞。今日致良知之說，何以異此？《大學》致知格物之訓，其爲聖學一本之妙而大中之道歟！（《吉齋漫錄‧卷下》，頁45。）

他認爲心本身雖已具有知覺能力，但「致知在至物，物至而知亦至」〔註45〕，知一定要驗之於物而得之於心才是眞知，這樣也使知由外至於物而得物內之理，而成「內外物理合一」。〔註46〕有關吳廷翰的這番見解，岡田武彥的闡釋詳盡可爲參考，他說：「因爲理是虛，所以在萬物中始成爲實，所謂窮理致知也須驗之於事物，才能盡知其內外合一之妙。否則，其工夫也就想像無實，流而爲虛。因此他（吳廷翰）認爲，以格致爲心上工夫而以物上窮理爲外求支離的陽明之說，反而背離內外合一的主旨而陷於虛見。這與一切求於心、以天下萬物爲粗跡、以物上工夫爲著相而加以屏絕，終至以人倫爲無、人身爲幻、虛幻爲眞的佛說毫無差異」。〔註47〕

吳廷翰此眞知論，強調「內外物理合一」，這是針對陽明「心外無理」、「心外無物」，只主於內而遺於外的弊病而言。他認爲萬物皆備於我，無內外彼此

〔註43〕 （日）岡田武彥，《王陽明與明末儒學》，頁331。
〔註44〕 （明）吳廷翰，《吉齋漫錄‧卷下》，頁47。
〔註45〕 （明）吳廷翰，《吉齋漫錄‧卷下》，頁46。
〔註46〕 參見王俊彥，〈吳廷翰的格物致知論〉，頁40。
〔註47〕 （日）岡田武彥，《王陽明與明末儒學》，頁331～332。

之可言〔註48〕，天下亦無性外之物，心雖具認識的功能，但心生於性，心有善有惡（「其發於性者，便是道；其感於外，而不發於性，便非道」），所以不能專任其心，須有察識辨別的工夫，這就是「格物致知」的必要性，亦即心要「向物上體察」，要「在物與知上用工夫」〔註49〕，如此才能使心不雜於惡。因此，在心與物的關係上，他認爲兩者有內外相合的統一性，但亦不可混而爲一，此觀點可由他對王陽明的批評看出，他說：

> 今人爲「格物」之說者，謂：「物理在心，不當求之於外。求之於外，爲析心與理爲二，是支離也。」此說謬矣。夫物理在心，物猶在外。物之理即心之理，心之物即物之物也。萬物皆備於我，天下無性外之物，故求物之理，即其心之理，求物之心，豈有出於物之物哉！若謂格理者爲在外，則萬物非我，而天下之物爲出於性之外矣。求爲一本而反爲二本，謂人支離而自爲支離，其原實起於好高自勝之私，而不知首尾衡決一至於此也。（《吉齋漫錄・卷下》，頁44～45。）

王陽明以爲「物理在心，不當求之於外」，這是主張由心直接體悟物理，少了一截工夫，而吳廷翰則認爲「物理在心，物猶在外」，心雖具有認識物理的功能，但物卻獨立於人的主觀之外。就心與物的統一性而言：「物之理即心之理，心之物即物之物」。因爲唯有「驗之於物而得之於心」的才是眞知，這就是「內外物理合一處」，所以心不能離物，不可求知於物外。但是這種「內外合一」是先推之於外再反之於心的，與王陽明以心直接體悟的過程及方法皆不同，所以他認爲心與物又不可混而爲一，他批評王陽明是將認識對象的「物之理」、「物之物」與認識的主體「心之理」、「心之物」都視爲「物理在心」，「求之於內」好似「求爲一本」，其實是離物求知，以理爲外的「二本」，這才是好高自勝，妄自尊大，眞正「支離」，不知認識使首尾一貫統一過程的道理。〔註50〕

就認識的過程而言，他強調「驗之於物而得之於心」的眞知，心與物不可混同而論；就認識的結果而言，他認爲萬物皆備於我，原無內外彼此之別，心與物是合內外而相統一的。後者與羅欽順以爲透過格物工夫而「通徹無間」，達到「物即我，我即物，渾然一致」的境界是相同的。〔註51〕至於前者

〔註48〕 《吉齋漫錄・卷下》，頁46。
〔註49〕 《吉齋漫錄・卷下》，頁48。
〔註50〕 參見姜國柱，《吳廷翰哲學思想探索》，頁86～87。
〔註51〕 （明）羅欽順，《困知記・卷上・10》，頁4。

之說，在羅欽順與王陽明的辯論中，羅欽順反對為學當求之於內心，認為這是「局於內而遺其外」；「即有見焉推之於物而不通，非至理也。察之於物，固無分於鳥獸草木，即有見焉，反之於心而不合，非至理也」。〔註52〕主張認識要「推之於物」、「察之於物」、「反之於心」，這與吳廷翰提出的「必驗之於物而得之於心，乃為真知」亦可互為闡發。

三、反對「格物為正物」、「致良知」

（一）格物為正物者，是舛說

若依《大學》原文之意，「格物」應在「致知」之前，所謂「物格而後知至」。但陽明以「良知」為唯一始點，故言「格物」與「致知」的關係時，只強調「致知在格物」一語，而將格致工夫視為不可分者，並不重視此處先後問題。而言工夫上之一貫性時，更將「格致」與「誠正」及「修身」接連為一體，認為《大學》原文中所說之「先後次序」，只就「工夫條理」不同而言，自「格物」至「修身」皆「只是一事」。〔註53〕將整個成德的實踐歷程皆落在「致良知」一義上。他立足於「致良知」的基礎上，對「格物致知」提出自己的新解。他說：

> 若鄙人所謂致知格物者，致吾心之良知於事事物物也。吾心之良知，即所謂天理也。致吾心之良知之天理於事事物物，則事事物物皆得其理矣。致吾心之良知者，致知也。事事物物皆得其理者，格物也；是合心與理而為一者也。（《王陽明全書・卷 2・傳習錄中・答顧東橋書》，頁 45。）

王陽明認為「心外無理」、「心外無物」，心是「虛靈不昧」的本體，「具眾理而萬事出」，物理即在吾心中，外吾心而求物理，則無物理可求，所以「致知」是「致吾心之良知者」；「格物」是「事事物物皆得其理者」；「致知格物」是「致吾心良知之天理於是事物物也」。事事物物皆得吾心之理，就是「致良知」。「格物」就是於事事物物之上「致良知」。要「格物」就不能「析心與理而為二」，而要「合心與理而為一」。因此，他將「格物」解釋為「正事」。他說：

> 物者，事也。凡意之所發必有其事，意所在之事謂之物。格者，正也，正其不正以歸於正之謂也。正其不正者，去惡之謂也。歸於正

〔註52〕（明）羅欽順，《困知記・卷上・7》，頁 3。
〔註53〕（明）王守仁，《王陽明全書・卷 26・續編一・大學問》，上海：上海古籍出版社，1992，頁 971。

者，爲善之謂也。夫是之謂格。(《王陽明全書・卷 26・續編一・大
學問》，頁 972。)

如此「格物」便成了「正事」，因爲「心外無物」、「心外無事」，所以「格物」
就是「格心之物」、「正心之物」。他主張通過「格物」來「正」人們的行爲和不
善意念，去掉「私欲」之蔽，使心中之理復明，達到「止於至善」之境。因此
「格物」爲「正心」、「爲善去惡」，在這個基礎上的「致知」不是擴充知識，而
是體認「本心」，恢復「吾心」之良知。「格物」就是一種主體的自我磨煉修養
功夫，只要在「心上用功」、「克己復禮」、「反身而誠」，便「無待乎其外也」。
他批評程朱說：「世儒既叛孔、孟之説，昧於《大學》格致之訓，而徒務博乎其
外，以求益乎其內，皆入污以求清，積垢以求明者也，弗可得已」。〔註54〕認爲
於物上窮理是「務外而遺內」。吳廷翰不認同程朱格物窮理之說，立足於學要著
實、有漸次、有節級而加以批評，旨在強調「《大學》自格物、致知以至於乎天
下，皆有節級」。對於陽明的「正物」之訓，也是同一個出發點：

「格物」訓正物，於文義雖通，然不是《大學》工夫。豈有學者入
頭一個工夫，無上事就正物。不知如何物即正，茫茫蕩蕩，令人無
下手處。果如其說，則《大學》一部書只在此二字，爲學一生工夫
亦只在此二字，聖賢何故只恁略略綽過，而致知、誠意、正心、修
身許多節目工夫都反在後？以此知「格物」只以爲至物爲當。求之
上下文義，如曰致、曰格、曰至，亦皆相協無疑。(《吉齋漫錄・卷
下》，頁 47。)

今學謂格物爲正物者，是炑說也。夫人方爲學之始，知尚未致，何
從而知物之正與不正乎？意尚未誠，其爲正物，無乃爲妄乎？心尚
未正，欲以不正之心而正物乎？況其爲説曰：「正其知之物也，正其
意之物也，正其心之物也，正其身之物也，推其類至於天下國家皆
然。」夫一切既以正之矣，然而格物之前，不知曾下何等工夫，而
乃能使物之能正如此也？《大學》之教，格物乃用功之始，以次而
及致知、誠意、正心、修身，其工夫都在後。如正物之說，則必須
將致知、誠意、正心、修身一切都在格物之前，然後乃爲可通也。(《吉
齋漫錄・卷下》，頁 49～50。)

〔註54〕 (明) 王守仁，《王陽明全書・卷 7・別黃宗賢歸天台序》，頁 233。

他既認爲心中之理必要與外物之理相驗證，才是可以運用的實理，所以他斷言格物就是「至物」，「至物」就是知外在事物之理，然後與心中之理驗證。他批評王陽明的「物理在心，不當求之於外」，只於心中求理，這種是內而非外的論點陷於一偏。因此，自然地，他斥責格物爲「正物」不是《大學》功夫，而是佛教妖說。他著眼於《大學》之教是以格物爲用功之始，然後依次有致知、誠意、正心、修身之功夫，他質疑致知之前若無工夫，如何可以「正物」？而且「正物」之說令人茫茫蕩蕩，有不知如何下手之病。從他反對陽明的觀點來看，重點不在以事訓物，而是他認爲陽明忽略節次，他反對朱子窮理亦是漸次的問題，這也凸顯其格物致知學說對學之漸次的重視。

（二）致良知之說，斷非《大學》致知之旨

　　吳廷翰於心性論上主張「心生於性」指出心性不可混同爲一，心無性則不能發揮其本然，不斷指斥陸王心學以心爲性在根本上就是錯誤的，與佛說無異。以爲心涉形氣便是不好，便有差處，心既有不好，則不能視同仁義之性，人心違背仁義者多，若不能察識辨別，而但任此未必良之心以發，則反失本心之良善。他認爲心雖具有思考的功能，但思考並不等於心，「心思而得之，然後心爲可立，則思而立者心也，思而得之者非心也，性也」。〔註55〕心透過思考而察識辨別「孰爲吾性之所發，爲吾之本心？孰爲非性之所感，而非吾本心乎？」亦即心要經過思辨的過程察識本性，然後才能得其本心。在這心性論下，他批評「致良知」是佛「明心見性」改頭換面而來，是「專守其內」而「不求其外」。〔註56〕他又將其心性論發揮於格物致知論上，從《大學》之教是以格物爲用功之始，批評「致良知」多襲佛語，違背《大學》致知之旨，更指責良知之學在「心上用工」，其害如無藥可醫的心病，其深毒如鈞吻，一定要將此等學術連根拔除。〔註57〕

　　他認爲致知是至物，要「驗之於物得之於心」才是眞知，故致知可以說是「心思與外物結合而知」〔註58〕，從這見解立論，他批評「致良知」之說斷非《大學》致知之旨，並指出它的源頭是佛學。他說：

　　　　致良知之徒多襲佛語。予嘗在廣，聞渠說頓漸時，衆皆環聽，不省

〔註55〕　（明）吳廷翰，《吉齋漫錄・卷下》，頁59。
〔註56〕　（明）吳廷翰，《吉齋漫錄・卷下》，頁57。
〔註57〕　（明）吳廷翰，《吉齋漫錄・卷下》，頁64。
〔註58〕　姜國柱，《吳廷翰哲學思想探索》，頁99。

所謂。予說：「此出《壇經》，只是生知、學知義。」《壇經》，韶州
南華寺本，予偶得看。渠知予得其底蘊，後遂不言。《傳習錄》中此
等處最多。蕭惠問答，說個甚「真己」、「軀殼己」。陸澄問答，說個
甚「照心」、「妄心」。聖賢只說「克己」「為己」，說個「人心」「道
心」，何等明白。若「真己」云云，學者多不理會。蓋佛說，「生人
之性，不是真性」，「我自有個真性在天地間，不生不滅」。又說，「心
心生萬法，遍周河沙界」，即真己、照心之祖宗也。夫聖賢教人，導
之以近易，而今教人誘之以遠且難。聖人教人導異端以歸儒，今之
教人誘儒而入異端，真可怪也！（《吉齋漫錄‧卷下》，頁 63。）

他認為致良知根源於佛學，除揭露它是佛教的「明心見性」改頭換面而來外，
這裡則再指出頓悟說出於《壇經》，《壇經》的觀點在陽明《傳習錄》等著作中
最多，王陽明與蕭惠、陸澄問答所說的「真己」、「軀殼己」、「照心」、「妄心」
就是來自佛語「生人之性，不是真性」，「我自有個真性在天地間，不生不滅」。
他批評這做法是以遠且難的異端之學誘人，有違聖人以近易之儒學教人之旨。

他一面揭露「致良知」的源頭是佛，另一面又根據他的格物致知論斷言
「致良知」非《大學》之旨，以違背聖人之教，來否定它的經典根據，諷諭
王陽明「致良知」不過是自己杜撰的學說。他闡發《大學》格物致知時，指
出「聖門之學，只在逐事逐物、一言一行上用功」。就認識的過程而言，他強
調致知在至物，「驗之於物而得之於心」才是真知，因此他批評「致良知」說：

《大學》之教：「欲誠其意者，先致其知，致知作（按：「作」，當作
「在」）格物。」蓋謂致知不至於物者，則想像無實，恐其流而為虛
也，誠意不致其知，則察識不真，恐其流而為妄也。夫其曰格、曰
致，已是在物與知上用工夫，便已收斂近裏。故程子曰：「格物者，
適道之始，思欲格物，則固已近道矣。是何也？以收其心而不放也，」
又曰：「格物者，但立誠意以格之，其遲速則在乎人之明暗耳。」況
格物致知，即是切磋之學，即是恂慄，有不必言誠而敬亦無不在者。
或者乃謂不務誠意而徒以格物者，謂之支，不知何所指也？豈亦不
明恂慄之義，而不察程子之言乎？其謂：「不爭格物而徒以誠意者謂
之虛，不本於致知而徒以格物誠意者謂之妄」，則又皆適以自狀。蓋
不從先儒格物之訓，而徒以致良知為說，不知《古本大學》之有錯
簡，而一切穿鑿以行其胸臆之私，逞其牙頰之辯，其為虛妄甚矣！
（《吉齋漫錄‧卷下》，頁 48～49。）

在此他批評王陽明的格物不訓爲「至物」，則致知不至於物，即無法驗之於物，恐是想像無實的虛見虛聞而已。指出「致良知」是王陽明自己主觀臆斷的穿鑿附會之說，甚至斥責他「逞其牙頰之辯，其爲虛妄甚矣」，表現了極度不滿之情。

在此他除了認爲「曰格、曰致，已是在物與知上用工夫」外，還說「便已收斂近裏」，指出「格物致知，即是切磋之學，即是恂慄，有不必言誠而敬亦無不在者」。他同朱子一樣，以「敬」作爲格物的動力條件，使格物、致知工夫有方向得以完成，〔註59〕他反對陽明的「正謂以誠意爲主，即不須添敬字」〔註60〕，也不認同陽明批評朱子以敬爲格致誠正之工夫是「合之以敬而益綴」〔註61〕。他認爲：

> 《大學》之八條目，敬蓋無一時而不在，無一事而不有也。然則其爲格物致知之學，必有所謂主一無適者焉，必有其心收斂不容一物者焉，必有所謂常惺惺者焉。思慮精明而不雜，心體管攝而不放，如此而致知格物，如此而誠意、正心、修身，又何支離之有哉？（《吉齋漫錄・卷下》，頁～49。）

> 恂慄即是敬之工夫，用於學問自修者。此敬之工夫，亦是《大學》有的，不曾有人添。如格物致知，則敬在格、致字上。如誠意，則敬在誠字上。即如渠說，則格致字全無誠的意，只是虛設，必待以誠意爲主，然後有下落，則《大學》格致之說可無，而只以誠意爲教足矣。今必以是二者置於誠意之先，是必誠意之先不可無此格致，而聖人方特地指而言之。況敬用于格致，不須添；誠意用於格致，反爲添。（《吉齋漫錄・卷下》，頁50。）

「敬」的意義是「主一無適」，使心自我收斂，不爲外物所動（即「不容一物」），就是使此心自己常惺惺，常能處於自我反覺的狀態。此「意志上不怠不苟之工夫」〔註62〕正是助成格物致知及其他各節次的成德工夫之動力條件，而不迷失方向，不流於空疏。一方面格物致知以察識辨別，另一方面敬以持守，二者經緯錯綜而並行不悖，所以，「敬蓋無一時而不在，無一事而不有」，無

〔註59〕朱子以敬爲動力條件說，詳見於馮耀明，《中國哲學的方法論問題・「致知」概念之分析》，允晨文化實業股份有限公司，1989，頁37～40。

〔註60〕（明）王守仁，《王陽明全書・卷1・傳習錄上》，頁39。

〔註61〕（明）王守仁，《王陽明全書・卷7・大學古本序》，頁243。

〔註62〕此爲勞思光認爲朱子的「敬」之意義，見《中國哲學史新編（三上）》，頁299。

時無事不以「敬」通貫於格致誠正修齊治平之工夫中，自無「益綴」之病。因此他又批評王陽明「誠意」說是支離：

> 夫《大學》明明德以修身為極，以格物為始。今以誠意為主而遺卻修身，何也？《大學》之誠意要先致知，今舍致知而言格物，何也？夫朱子之言格物，只格致上便自有敬。而今說格物以誠意為主，則反越致知而必尋誠意為主，以為即《中庸》之戒懼，其語敬則一，其分裂聖人之言以遷就己意，則又孰若即格物以為敬者之得其要領而學有依據乎？即其說，真所謂支離之尤者，乃以是而議先儒，可謂悖矣！（《吉齋漫錄‧卷下》，頁 52。）

此外他又從他對《大學》致知之旨的認識，針對「致良知」提出許多質疑，申明「致良知」並非聖學之教：

> 致良知之說，斷非《大學》致知之旨。蓋《大學》只說「致知」，未嘗說「致良知」，何為而輒加之？夫凡言知者必是心之已發，若未發之知，渾然之良，何從而致？然已發之知則有良不良，人何由而知之？又何從致之乎？若曰良知自知，殊非聖人能之。……知且不知，而能致之乎？故聖人之學，必須格物以致知，如《書》所謂「學於古訓」，《易》所謂學聚問辨、與「多識前言往行」，孔子所謂博文、學文、明善，孟子所謂博學、詳說。驗以吾心，獲於古人，纔於理之是非、念之善惡曉然分明，而後其知庶幾可得而致。不然，則中人之資，心體未瑩，知之所發，善惡紛如，何從考據證驗？一切念慮，皆非實體，其不至於獨守自心，抱空妄想，認昏昧以為虛靈，呼情欲以為至理，猖狂自恣，無所忌憚，而卒為佛老之歸小人之黨者，幾希矣！（《吉齋漫錄‧卷下》，頁 63～64。）

首先他指出《大學》只說「致知」，未嘗說「致良知」，陽明此舉是添字解經，所添的「良」字不僅《大學》沒有，他認為所謂「致知」是心思與外物結合而知，心之已發才為知，心未發是無從而知的，知之「良」必待表現出來才能知，若未表現出來則無從推致，而王陽明的「良知」是自己生而固有的，「致良知」是「心之未發外物而知」，這是以良知為自知的東西，則產生了以良知知良知的矛盾，況且根據本體不明之心，很難檢驗良知之真。〔註63〕

〔註63〕以上論述參酌姜國柱，《吳廷翰哲學思想探索》，頁 99；岡田武彥，《王陽明與明末儒學》，頁 331。

　　張學智對於吳廷翰此段見解有精闢的分析，他指出：吳廷翰認為能夠推致於外的必是已發，必是形而下的心的活動產物。未發則不能推致，心的發散流出與對此發散流出之價值判斷為同一人。在未有格物功夫之前，在良知判斷是非的功能被鍛鍊之前，人怎能判斷善惡是非？能保證所推致者皆善，這只有聖人。所以，必須改致良知為格物致知；必須有學問思辨，博學詳說，明善誠身諸功夫，才能對善惡是非有敏銳的識別力判斷力。這樣推致的才是經過過濾、篩選、調節的知。無有此等功夫，心之所發必至善惡雜夾，必至「認昏昧以為虛靈，呼情欲以為至理」，為一無忌憚之人。〔註64〕

　　可見吳廷翰不斷著眼於致知在至物，「驗之於物而得之於心」才是真知，既認為除聖人外，以良知知良知是不可能的，中人必須格物以致知，因此，他格外重視學問思辨的工夫。這些論點又與他主張為學的態度「不戾乎聖人言」，在修養工夫上，他區分聖人事與學者事，以及德性之知必實以聞見皆是一致的。

　　值得注意的是吳廷翰對王陽明「致良知」的批評與羅欽順十分接近。二人皆從其心性之辨與違背《大學》次第來批判王陽明。羅欽順批評王學與釋氏認心為性，以一真如本心萬法諸相之說相同，並無實際格物工夫可言〔註65〕，揭露王之「良知即天理」即佛教的「真識」〔註66〕，又指責格物為「正心」說違背《大學》〔註67〕，他是最早批判王學「當求於內」之論調的人。

四、德性之知必實以聞見

　　吳廷翰根據他的格物論，一方面批評王陽明的「致良知」，另一方面也揭示讀書學問的重要，反對程朱的「德性之知，不假聞見」，亦反對王陽明的良知「不由聞見而有」。他認為除聖人是生知之外，均是學知，即使如孔子都以學知自處，而學知者必由格物致知，要經由「誦詩讀書，多識前言往行，以我之心求古人之心，以古人之心感我之心」，如此才有收穫。他反對「致良知」學說所謂「我何須他求，只這道理光光明明在我心上，自然知得了，便一切不必學問」的觀點，他認為獲得知識，除了學、問，決無「契悟默想」之路。〔註68〕這種重視

〔註64〕張學智，《明代哲學史》，頁376。
〔註65〕陳正宜，《羅欽順理學思想之研究》，頁274。
〔註66〕（明）羅欽順，《困知記・附錄・答歐陽少司成崇一（甲午秋）》，頁118。
〔註67〕（明）羅欽順，《困知記・附錄・又與王陽明書（戊子冬）》，頁112。
〔註68〕（明）吳廷翰，《吉齋漫錄・卷下》，頁54～55。

學問的態度亦反映到他對「道問學」與「尊德性」的見解上。他說：

> 今人說致良知者，所聚講者，率皆曾讀書之人，尚說不轉。若以田
> 夫牧子不曾讀書識字的與之講此，便是全不曉得。其間樸實忠厚，
> 亦有知孝弟、學好者，只是資質所得，然只如此便了，更上不去，
> 終是讀書明理的然後充拓得開，有許大氣力去做聖賢，非學問何以
> 能之？此聖人之教所以必是格物、致知以至於誠意、正心、修身，
> 其尊德性亦須道問學而後得也。終不道心性之學不是根本，只根本
> 要許多培養。除了學問，決是一超徑悟之語，聖人原無此教。（《吉
> 齋漫錄・卷下》，頁 55。）

由此可見，無論讀書人、田夫牧子皆不存在先天的良知，一般人因所得資質
的限制，必須透過格物致知而讀書明理的一路來拓展自己，除了學問，亦決
無超徑悟（頓悟）的生知，他強調了學知的重要，所以「道問學」與「尊德
性」是有先後的，他認爲「尊德性亦須道問學而後得」，表現了對「道問學」
的重視。因此，他又認爲「德性之知」必須建立於「聞見之知」的基礎上。

「德性之知」始自張載所提，張載說：「見聞之知，乃物交而知，非德
性所知；德性所知，不萌於見聞」。〔註 69〕認爲「德性所知」不是在「見聞
之知」的基礎上產生的，但並未說明是否完全不須聞見。程頤更進一步發揮
亦言：「聞見之知，非德性之知。物交物，則知之非內也；今之所謂博物多
能者是也。德性之知，不假聞見」〔註 70〕。「德性之知」與「聞見之知」正
是分爲兩種截然不同的知。王陽明認爲他所講的「良知」即是「德性之知」，
聞見並不在良知之外，而是良知在低一層次（所謂「第二義」）的運作而已。
他說：

> 若主意頭腦專以致良知爲事，則凡多聞多見，莫非致良知之功。蓋
> 日用之間，見聞酬酢，雖千頭萬緒，莫非良知之發用流行，除卻見
> 聞酬酢，亦無良知可致矣。故只是一事。（《王陽明全書・卷 2・傳
> 習錄卷中・答歐陽崇一》，頁 71。）

由於對「聞見之知」壓抑的態度，使王學末流走上「反知識」之路，如王畿
認爲：「知識反爲良知之害，才能反爲良能之害，計算反爲經綸之害，若能去
其所以害之者，復還本來清靜之體，所謂溥博淵泉，以時而出，聖功自成，

〔註 69〕 （宋）張載，《張載集・正蒙・大心》，頁 24。
〔註 70〕 （宋）程顥、程頤，《二程集・河南程氏遺書・卷 25》，頁 317。

大人之學在是矣」〔註71〕。以爲知識有害於良知，必去之而後才能入於聖域。由於當時王學門人已有空言「良知」，盡廢學問，引起學者的不滿，所以漸有人出來重新強調「道問學」的重要。

　　王廷相就批評張載、程頤的「德性之知」說：

> 世之儒者乃曰思慮見聞爲有知，不足爲知之至，別出德性之知爲無知，以爲大知。嗟乎！其禪乎！不思甚矣。殊不知思與見聞必由吾心之神，此內外相須之自然也。德性之知，其不爲幽閉之孩提者幾希矣。禪學之惑人每如此。（《雅述‧上篇》，頁836。）

他認爲一切知識都是來自見聞和思慮，否定不假聞見的德性之知。吳廷翰繼承王廷相的思想也強調聞見之知。吳廷翰並不是全然地排斥「德性之知」，他認爲「聞見之知，自是德性所有」，只是根據他講究著實、循序的精神，自然格外重視聞見之知，再者對聞見之知的強調應該亦是針對當時王學門人束書不觀、空談心性而發的。他認爲德性之知只有「必實以聞見，乃爲眞知」，就是在批評德性之知不假聞見，以及以德性爲眞知的錯誤。他說：

> 德性之知，必實以聞見，乃爲眞知。蓋聞見之知，自是德性所有，今以德性爲眞知，而云「不假聞見」，非也。嬰孩始生，以他人母之而不識，長則以他人爲母，終其身不知。或閉之幽室，不令人見，不聞人語，雖天日且不識，而況於他乎？故嬰孩之知，必假聞見而使知。其呼父母而飲食，皆人教詔之也。以此可見德性之知，必由耳目始眞。釋子坐枯，屏絕外物，至死而欲不能割者，蓋其心已先有耳目之知爲主故耳。以此益見耳目之知爲眞。人而無心無知，固不得謂之人。然有心而無耳目，則心亦何寄乎？良知之說，駕言德性而小聞見，充其類則亦枯坐之僧、幽閉之嬰孩而已。乃欲以語聖人之學乎！（《吉齋漫錄‧卷下》，頁60。）

其實就「德性之知，必實以聞見，乃爲眞知」而言，吳廷翰認爲德性之知還是高於聞見之知的。就認識的過程而言，他強調「驗之於物而得之於心」的眞知，因此，德性之知要成爲眞知的條件，亦必須要「驗之於物而得之於心」，而「聞見之知」就是這種「驗之於物」的知了。他認爲離開聞見的德性之知不可能是眞實可靠的認識，亦即聞見之知是德性之知的基礎，從他一再強調著實、漸次的爲學態度來看，在此，他表現了對聞見之知的重視。他以嬰孩

〔註71〕　（明）王畿，《王龍溪語錄‧卷5‧萬松會記》，廣文書局，1960年，頁21。

認知的過程說明「德性之知，必由耳目始真」；又以釋氏枯坐卻至死仍不能屏覺外物之欲例證「心已先有耳目之知爲主」。他認爲人有心有耳目，心之知是透過耳目而來。藉此論點他又批評良知之說過於重視德性之知卻輕視聞見之知，與聖人之學相差甚遠，充其類則不過像是枯坐之僧、幽閉之嬰孩罷了。

　　以上吳廷翰的這段論述與王廷相非常近似，王廷相認爲人的認識的獲得不是先天之知，而是後天接習獲得的，他以嬰兒到成人獲得知識爲例，說明接習而知的道理。他說：

> 夫心固虛靈，而應者必藉視聽聰明，會於人事，而後靈能長焉。赤子生而幽閉之，不接習於人間，壯而出之，不辨牛馬矣，而況君臣、父子、夫婦、長幼、朋友之節度乎？而況萬事萬物，幾微變化，不可以常理執乎？使徒虛靜其心者，何以異此？（《王氏家藏集·卷33·石龍書院學辯》，頁604）

> 嬰兒在胞中自能飲食，出胞時便能視聽，此天性之知，神化之不容己者。自余因習而知，因悟而知，因過而知，因疑而知，皆人道之知也。父母兄弟之親，亦積習稔熟然耳。何以故？使父母生之，孩提而乞諸他人養之，長而惟知所養者爲親耳。塗而遇諸父母，視之則常人焉耳，可以侮，可以詈也，此可謂天性之知乎？由父子之親觀之，則諸凡萬事萬物之知，皆因習、因悟、因過、因疑而然，人也，非天也。（《雅述·上篇》，頁836）

這裡他針對王陽明把「良知」看作「不待學而能，不待慮而知」，「不由見聞而有」的「本然之知」（天性之知）的觀點，以及孩提「見父自然知孝，見兄自然知弟」的觀點，指出「父母兄弟之親，亦積習稔熟然耳」，並非生而具有的「天性之知」。他所舉的「赤子生而幽閉之，不接習於人間，壯而出之，不辨牛馬矣，而況君臣、父子、夫婦、長幼、朋友之節度乎」之例，與吳廷翰舉「閉之幽室，不令人見，不聞人語，雖天日且不識，而況於他乎」一樣。王說：「使父母生之，孩提而乞諸他人養之，長而惟知所養者爲親耳。塗而遇諸父母，視之則常人焉耳，可以侮，可以詈也，此可謂天性之知乎」，也就是吳的「嬰孩始生，以他人母之而不識，長則以他人爲母，終其身不知」之意。王廷相的「因習因悟因過因疑」而知的思想是指人後天的「接習」之知，也就是吳廷翰的「聞見之知」，它們皆是一個由淺入深的不斷積累的過程，不是

一下子可以盡知一切事物之理。〔註72〕而他們應該也是鑑於「近世儒者務爲好高之論，別出德性之知，以爲知之至，而淺博學、審問、愼思、明辨之知爲不足」的流弊，進而特別重視「學而後知」的聞見之知。〔註73〕

第三節　知行常在一處，自有先後

在知行的關係上，程頤認爲知爲始，行爲終；知是行之因，行是知之果，所以「須以知爲本」〔註74〕朱熹在知先行後的基礎上提出：「知行常相須，如目無足不行，足無目不見。論先後知爲先；論輕重行爲重」。「知之愈明，則行之愈篤；行之愈篤，則知之益明」。〔註75〕主張知行不可偏廢。程朱的「知先行後」說後來產生知行脫節、言行不一的學風，王陽明加以指斥說：「今人卻就將知行作兩件去做，以爲必先知了，然後能行。我如今且去講習討論做知的工夫，待知得眞了，方去做行的工夫，故遂終身不行，亦終身不知。此不是小病痛，其來已非一日矣。某今說個知行合一，正是對病的藥。」〔註76〕知行都在「吾心」之中，將知行合一起來，「知之眞切篤實處即是行，行之明覺精察處即是知。知行工夫，本不可離，只爲後世學者分作兩截用功，失卻知行本體，故有合一並進之說」，又「一念發動處便是行了」。〔註77〕陽明在「心即理」的基礎上主「知行合一」，湛若水曾批評其病是知行混而無別，提出知行不離不混的知行並進說。而王廷相提出：「講得一事即行一事，行得一事即知得一事，所謂眞知矣。徒講而不行，則遇事終有眩惑」〔註78〕，反對「徒講而不行」、「養心靜坐」、「泛然講說」而主張「知行兼舉」，強調篤行實

〔註72〕王廷相說：「夫神性雖靈，必藉見聞思慮而知；積知之久，以類貫通，而上天下地，入於至細至精，而無不達矣，雖至聖莫不由此。……夫聖賢之所以爲知者，不過思與見聞之會而已。」（《雅述・上篇》，頁836。）

〔註73〕王廷相說：「近世儒者務爲好高之論，別出德性之知，以爲知之至，而淺博學、審問、愼思、明辨之知爲不足，而不知聖人雖生知，惟性善近道二者而已，其因習、因悟、因過、因疑之知，與人大同，況禮樂名物，古今事變，亦必待學而後知哉！」（《雅述・上篇》，頁836～837。）

〔註74〕（宋）程顥、程頤，《二程集・河南程氏遺書・卷15》，頁164。

〔註75〕（宋）朱熹，《朱子語類・卷9》，頁235、《朱子語類・卷14》，頁449。

〔註76〕（明）王守仁，《王陽明全書・卷1・傳習錄上》，頁4～5。

〔註77〕（明）王守仁，《王陽明全書・卷2・傳習錄中・答顧東橋書》，頁42、《王陽明全書・卷3・傳習錄下》，頁96。

〔註78〕（明）王廷相，《王氏家藏集・卷27・與薛君采二》，頁478。

踐。〔註79〕吳廷翰吸收王廷相的「知行兼舉」，針對王陽明的「知行合一」混淆知行的區別，提出「知行常在一處，自有先後」。在人有氣稟的限制下，對學者而言，先有格致之知，然後再有誠正修之行，才是知本之學。

一、知至而行即次之

吳廷翰以「知先行後」反對「知行合一」，其「知先行後」與程朱有區別，他是在知行不離的前提下講先後。知和行是一個事物的兩方面，雖有先後但不可分離，他主張「知至而行即次之」，正是王廷相的知行並進的思想，他批評王陽明「知行合一」的「能知必能行」是掩飾「知而不行」的過失，其流弊將導致以知為行，他說：

> 知行常在一處，自有先後。故謂知得一分便行一分，知得二分便行二分，知到十分（按：應補上便行十分）。蓋進得一分知，則自進得一分行。如是，則知至而行即次之，固未嘗必要知到十分，然後行方從一分而始也。〔註80〕如是，則謂今日知，明日行，今年知，明年行，二十年知，三十年行，可乎？非惟先儒未嘗有是說，而天下本無是理也。所不取以致知為力行之說者，謂其知得一分便以為行得一分，知得二分便以為行得二分，其始也以行為知，其流也以知為行，則今日之所講者全無一字著落，其終只成就得一個虛偽。若曰：「吾之知已到此，則行已到此矣」。是知行合一之說，適足以掩其知而不行之過，而欲以講說論辨為聖賢也。（《吉齋漫錄・卷下》，頁 54。）

他認為「知至而行即次之」，是知得一分，便行一分，則進得一分知，而自進得一分行。這也就是王廷相說的：「講得一事即行一事，行得一事即知得一事，所謂真知矣。徒講而不行，則遇事終有眩惑」〔註81〕。而不是到知十分而後開始行一分，也不是今日知，明日行；今年知，明年行；二十年知，三十年行。他視「知即是行」是無著落的虛偽空知。

〔註79〕 王廷相說：「近世學者之弊有二：一則徒為泛然講說，一則務為虛靜以守其心，皆不於實踐處用功，人事上體驗。往往遇事之來，徒講說者，多失時措之宜，蓋事變無窮，講論不能盡故也；徒守心者，茫無作用之妙，蓋虛寂寡實，事機不能熟故也。」（《王氏家藏集・卷二七・與薛君采二》，頁 478。）

〔註80〕 按《吳廷翰集》在此段落標點有誤，今據文意訂正。

〔註81〕 （明）王廷相，《王氏家藏集・卷 27・與薛君采二》，頁 478。

「知至而行即次之」是了解吳廷翰知行觀的關鍵，他與程朱「知先行後」、陽明「知行合一」的不同即在此，這也是認識牠「知行常在一處，自有先後」的意旨所在，他認為知行關係不只是先後，更具有統一的關係。具體而言，這意謂著知與行在本質上雖有本末、先後，但在實際進行時，是兩端交替互進，循環不已的。也許是不滿於束書不觀、空談的風氣使然，他特別強調先後的問題，不過卻往往讓人忽略了他這「知行並舉」的觀點。

二、知行決是兩項

吳廷翰在心與物的關係上，他認為兩者有內外相合的統一性，但亦不可混而為一，亦從統一的關係來看待知與行的關係，既肯定「知至而行即次之」、「知行常在一處，自有先後」，又主張「知行為二，而其學則一」，反對于陽明「以知行為一，而其學乃二」。他批評陽明「致良知」以良知為人之本有，講究易簡之工，他的「知行合一」之說泯除了知行的區別，這是「好高務勝，而益呶呶訾訾者，反不勝其繁瑣也」。他以「子以四教：文行忠信」為證，文與行的關係如同知與行，二者同等重要，文不是行，故知與行亦不能等同。〔註82〕他認為「知行決是兩項」，知與行是兩項工夫，各有聯繫也各有作用，「知行兩處用工，而本則一」，他反對徒講說論辯的知而不行，也反對不求其知之當與不當而「只是力行」的盲目行動，他說：

> 「知行合一」所以必辨其不然者，無他，蓋知行兩處用工，而本則一耳。若以知即是行，則人之為學只是力行便了，又何必致知？其以為必用致知者，正以即行有不當，欲求其當，非知不可耳。若行便是知，則即其所行，不問當與不當，一切冥行，曰我能致知，則許之乎？（《吉齋漫錄・卷下》，頁56。）

他認為人的行為有不當之處，要避免不當，就必須以知來指導行，陽明的「知行合一」是「知即是行」、「行便是知」，忽視了端正行的致知工夫，則陷於「冥行」。所以他又說：「致知之功有不能不待於學問者」，這觀點與他重視學知的態度是一致的。

他認為知行雖是「兩處用工」，自有先後，也自有作用，二者不可「截然為二途」，也不可「混而為一」。他以治骨角的切磋、治玉石的琢磨以及舟之檝舵、車之衡輪為譬喻，說明了知與行之分與合的關係。他說：

〔註82〕　（明）吳廷翰，《吉齋漫錄・卷下》，頁55。

蓋知行決是兩項，如治骨角者一切一磋，以爲切不可不磋則可，以
爲切即是磋則不可；治玉石者一琢一磨，以爲琢不可不磨則可，以
爲琢即是磨則不可。舟之有槳有舵，謂同以進舟則可也，以爲槳即
是舵則不可。車之有衡有輪，謂同以進車則可，以爲輪即是衡則不
可。由此言之，則知之與行，自有先後，自有作用，但不可截然爲
二途耳，豈可混而一之乎？（《吉齋漫錄・卷下》，頁 56。）

此外，他又以天地取譬知行的關係，提出「知通乎行」以反對「知即行」：

《易》：「智崇禮卑，崇效天，卑法地。」智崇如天，禮卑如地。智
即是知，禮即是行。天包地外，地在天中。今人有謂天包乎地，故
知通乎行。此說近是。然天只是天，地只是地，爲知通乎行則可，
謂知即行則不可。謂天通乎地則可，謂天即是地則不可。此義甚明。
（《吉齋漫錄・卷下》，頁 63。）

以上吳廷翰指出知行自有先後、自有作用，知可以通乎行，表達對知行混而
爲一的批判，這裡並沒有指出知行的主次關係，但不可否認的，他有以知指
導行的思想，在格物的思想上他以爲這是學者事，「格物正是自知而行，有先
後」，表現主知的工夫特點。

王廷相有見於「徒知而不行」之弊，提出「知行兼舉」、「知行並進」，而
知與行仍有先後之序，不過他爲矯正知而不行，故特別強調行的重要。〔註83〕
而吳廷翰則重視「主知」性的工夫，於是強調了從知到行的工夫次序以及連
接知行的諸多工夫的重要性。他立知行的先後次序，一面以知行爲工夫的兩
端兩用；另一面以知行爲一本，認爲二者作用雖有不同卻是歸一的，在由知
而行的過程中存在著知行合一。亦即知行是「有先後次序而始成爲一體」的。
他認爲，知行分言是真正的知行合一的原因；而忌諱將二者分言，攝行於知、
攝知於行即知行合一的陽明之說，是說一反成二，反而使合一變得支離，這
是背離自知至行的全體歸一的聖學的。〔註84〕因此，他的知行自有先後，與
程朱「知先行後」斷言知可以離行而先有是有區別的。

誠然，這種知行不離的前提下講的先後，與他說的「格物工夫有漸次」

〔註83〕「孔門博文約禮，一時並進，但知、行有先後之序爾；非謂博文於數十年之
久，義理始明，而後約禮以行之也。大抵孔門凡言爲學，便有習事在內，非
如近世儒者，惟以講論爲學，而力行居十之一。故其所知皆陳跡定版，而寡
因時自得之妙。」（《王氏家藏集・卷 27・與范師舜》，頁 485。）

〔註84〕參見（日）岡田武彥，《王陽明與明末儒學》，頁 332～333。

相互呼應。〔註 85〕但是，由於吳廷翰對知的強調，與唯物論以行作爲知的基本、主導的認識論不符合，所以他在這部分的論點引發了唯物論者不少的批評，甚至認爲是嚴重的失誤。〔註 86〕反倒是日本學者岡田武彥有較持平的看法，精闢地分析出吳廷翰知行觀是「有先後次序而始成爲一體」的，並且表現了主知的特點。〔註 87〕

三、反對「知行合一」

　　吳廷翰「有先後次序而始成爲一體」的知行觀，除了以上觀點駁斥陽明的「知行合一」有「知即行」的流弊之外，並且針對「知行合一」的幾個基本思想提出批評。王陽明認爲：「知是行的主意，行是知的工夫。知是行之始，行是知之成。若會得時，只說一個知，已自有行在；只說一個行，已自有知在」〔註 88〕。強調即知即行，即行即知，彼此互含，本不可離的關係。所以他又說：

　　　　知之眞切篤實處，即是行；行之明覺精察處，即是知，知行工夫本
　　　　不可離。只爲後世學者分作兩截用功，失卻知行本體，故有合一並
　　　　進之說。「眞知即所以爲行，不行不足以爲知」。（《王陽明全書・卷
　　　　2・傳習錄中・答顧東橋書》，頁 42。）

意謂知行相合，不相分離，也就是說知行是「不可分作兩事」，是「兩個字說一個工夫」，這就變成了知即行、行即知的「知行合一」的關係。吳廷翰同意知行並進，但反對不計工夫兩端而完全取消知行的區別，他提出論證加以批駁陽明的這些論點說：

　　　　今之爲知行合一之說者曰：「眞知即所以爲行，不行不足以爲知。」
　　　　其以救徒知而不行之弊則可也；乃欲遂駕其說以誣先儒，以穿鑿附
　　　　會於聖人，則吾不知矣。天下只是一個道理，一個學問，但其工夫
　　　　自有知行兩端。其兩者，正所以爲一也。今曰「致知是力行工夫，
　　　　明善是誠身工夫，博文是約禮工夫」，則工夫只是一件，更無兩端。

〔註 85〕這些論述可參見袁爾鉅，《吳廷翰哲學思想》，頁 91～92。
〔註 86〕參見袁爾鉅，《吳廷翰哲學思想》，頁 91～93。另外容肇祖也批評說：「他瞭解
　　　　知和行是兩種工作，但是沒有認識到知是從行發生而又服務於行。故此對知
　　　　行先後和知行的統一關係，還沒有正確的瞭解」。（《容肇祖集・吳廷翰的哲學
　　　　思想概述》，山東：齊魯書社，1989，頁 330。又見於《吳廷翰集・吳廷翰的
　　　　哲學思想概述》，頁 12。）
〔註 87〕參見（日）岡田武彥，《王陽明與明末儒學》，頁 332～333。
〔註 88〕（明）王守仁，《王陽明全書・卷 1・傳習錄上》，頁 4。

則聖賢只說明善可也，何必又說誠身？只說博文可也，何必又說約禮？只說致知可也，何必又說力行？其爲言贅而義反不明，其弊至於使人兩處求之，莫知向方。聖賢示人以爲學之的，而反誤之若此乎？吾知其決不然矣。（《吉齋漫錄·卷下》，頁55～56。）

他肯定王陽明以「眞知即所以爲行，不行不足以爲知」來救「徒知而不行」的流弊的用意，但是他強調「工夫自有知行兩端。其兩者，正所以爲一」，知行分言才是眞正知行合一的道理，他指斥陽明的這樣的「知行合一」是「工夫只是一件，更無兩端」，忌諱分言反而是使合一變得支離。並且以孔孟等聖賢爲證，批評陽明「眞知即所以爲行，不行不足以爲知」是不通之論：

「江漢以濯之，秋陽以暴之，皜皜乎不可尚已」。此曾子眞知孔子者也。「肫肫其仁，淵淵其淵，浩浩其天」，此子思眞知「至誠」者也。然而曾子未到孔子，子思亦未到「至誠」。若謂「眞知即所以爲行」，則曾子即是孔子，子思已是「至誠」聖人矣。孔子之告哀公以九經，告顏子以四代禮樂；孟子告齊梁之君以王道，告滕君以喪禮、經界，其實孔孟未之嘗行也。若謂「不行不足謂之知」，則孔孟於此猶有所未知乎？此處說有未通。（《吉齋漫錄·卷下》，頁62。）

即如曾子眞知孔子爲人，亦無法達到孔聖境地；子思眞知「至誠」之意，亦未能實現其意，可見眞知未必能行。又如孔子雖知九經、四代禮樂；孟子知王道、喪禮、經界，他們皆未嘗行，可見不行未必不知。因此，「眞知即所以爲行，不行不足以爲知」是不通的。接著他又繼續從知行的難易先後駁斥「知之眞切篤實處即是行，行之明覺精察處即是知，此爲知行本體」，他以爲陽明混淆知行的區別和界限：

《書》曰：「知之非艱，行之惟艱。」明言知行難易。若「知之切眞（按：此當「眞切」之誤）篤實處即是行」何以篤行之惟艱乎？孟子：「始條理者知之事，終條理者聖之事。」明言知行先後。若「行之明覺精察處即是知」，何用智爲始條理乎？夫其言本不通，而其巧爲辨什使人難於究詰，則不得於心而懵然以聽從者，無怪其然也。（《吉齋漫錄·卷下》，頁62。）

王陽明認爲心之一念發動觸即是意，即是行之始。他從這個前提出發，具體論證了知行並進的「知行合一」論。他說：

夫人必有欲食之心，然後知食。欲食之心，即是意，即是行之始。食

味之美惡，必待入口而後知，豈有不待入口而已先知食味之美惡者
邪？必有欲行之心，然後知路，欲行之心，即是意，即是行之始矣。
路歧之險夷，必待親身履歷而後知，豈有不待親身履歷而已先知路歧
之險夷者邪？（《王陽明全書‧卷2‧傳習錄中‧答顧東橋書》，頁42。）

吳廷翰認為陽明此說是「行而後知」，他從知未必要先行的觀點舉例加以批
評說：

《易》：「仰以觀於天文，俯於察於地理，是故知幽明之故。原始反
終，故知死生之說。精氣為物，游魂為變，是故知鬼神之情狀。」
此處都只是說知，雖是聖人事，然從知上說，也不可謂都是聖人行
過的，只其理聖人已洞然於胸中便是。若謂「必食入口而知其美惡，
必行路而後知其險夷」，則是行而後知之說。若天文、地理、死生、
鬼神，如何可行而後知乎？（《吉齋漫錄‧卷下》，頁63。）

吳廷翰主知的工夫，讓他特別有意揭發陽明學說中「行而後知」的漏洞。其
實陽明在此強調的親身踐履的精神與吳廷翰主張「必驗之於物而得之於心，
乃為真知」的著實意旨並無二致的。

不可諱言以上他批駁陽明的論證還不夠深刻，但若不論其對陽明「知行
合一」說的認識是否切確，批判得當與否，則其中確實充分展現了他知行觀
中主知的特點。而這主知的特點又與他所重視學習態度的漸次、積累、著實
是一貫的，也與他強調學知的重要所主張的「尊德性亦須道問學而後得」是
相通的。此外值得注意的是，他雖然確立知行工夫的次序，以知行為「兩處
用工」，但是知行也是一本的，由知至行的過程中是存在著「知行並進」的知
行合一，所以知行用異而本同，不是支離的。道問學與尊德性的關係正如同
知與行一樣，「工夫兩端而實一致」〔註89〕，亦是有先後次序而始成為一體的，
他以戒懼之敬的工夫統一兩者〔註90〕，於是，可以說：「知行成為一體也是由

〔註89〕（明）吳廷翰，《吉齋漫錄‧卷下》，頁69。
〔註90〕吳廷翰說：「尊德性、道問學兩處工夫，只是個戒懼。戒懼，只是個敬。此個
工夫，即尊字、道字皆有，非謂尊德性是戒懼、是敬，而問學中原無，必尊
德性以道問學也。……不知聖賢為學，正由問學以尊德性，故尊德性必道問
學。尊之道之，皆有戒懼工夫。知行雖二，而敬則一而已矣。《大學》所謂敬，
為聖學始終之要，其旨最明。……知此則尊德性道問學皆有戒懼工夫，皆是
一敬無疑，故不當以尊德性為道問學之本，又不當以道問學即尊德性之功，
如今人所云也。」（《吉齋漫錄‧卷下》，頁71。）

於始終持敬的緣故」〔註91〕。敬使「思慮精明而不雜，心體管攝而不放」，如此而致知格物、誠意、正心、修身就合一而不支離了。〔註92〕

　　他在「性即氣」的觀點下，說仁義之性，與朱子視仁義道德為理，以「理」為本體不同，與陽明以「心」為全體廓然、純然天理的本體根據亦不同。所以，他的修養工夫論是建立在氣本論的心性論下，誠如日本學者所論：他以保持性之全而不偏的工夫為切要，所以他宗性而排斥宗心。〔註93〕而廷翰是先求知識再進至實踐道德的路數，陽明則是直接由實踐去體證道德的路數。〔註94〕這也是因為吳廷翰的知行觀是由其氣學一貫而來的，因為氣稟所限，學知是道德修養的前提，故實踐道德必先求知識。他在修養工夫上表面上對程朱的承襲較多，而對陸王的批判也較多且不留情，有些論者將他看作是一個朱子學者，肯定他在宇宙本體的論述上有一些新穎之處，但在格物、知行諸方面則未能提出新的觀點。〔註95〕究其實，他從氣本論出發，其學說有自成體系之處，與前此的氣本論者羅欽順、王廷相的論調更為相近，說他承襲程朱之說，實是不察於他氣本論的體系而產生的誤解。王俊彥先生指出：吳廷翰所言格物是「至物本體得物本體之理之合內外物理為一的模式」，他的格物說雖從朱子言格物不言窮理之說，亦不採明道以格物為窮理之說，更不採陽明格物者在外之說，但是與朱子「由器上尋理」，有形上下分別之說法有異。〔註96〕這明確的見解正足以說明吳廷翰的格物論是氣學派式的，既不同於陽明的心學，亦不同於程朱的理學。處於氣學演進的過渡時期，長期程朱思想的影響是不可逃避的事實，他鮮明的反王色彩以及表述，也和羅欽順一樣往往易遭人誤解為朱子學者。

〔註91〕 參見（日）岡田武彥，《王陽明與明末儒學》，頁333。
〔註92〕 （明）吳廷翰，《吉齋漫錄・卷下》，頁49～53。
〔註93〕 （日）岡田武彥，《王陽明與明末儒學》，頁328。
〔註94〕 參見王俊彥，〈吳廷翰的格物致知論〉，頁50。
〔註95〕 張學智，《明代哲學史》，頁379。
〔註96〕 參見王俊彥，〈吳廷翰的格物致知論〉，頁41。

第五章　結　論

　　吳廷翰個性「疾惡尙嚴，而意實仁恕」，人如其號「蘇原」：「臭味芳烈」，高潔自守，不隨俗奉承。「性與時格」四字正是他一生的寫照，當他爲官時，以廉潔伉嚴的態度面對貪官汙吏，歸隱期間從事著述，厭惡俗儒之支離，勇於批評當時的官學──程朱理學和風靡一時的王陽明心學，認爲程朱理學的「理先氣後」論是「近乎異說」，王陽明以心爲本的心學是「聖學之害」，他對程朱、陸王思想的批評正也反映其伉嚴的個性本色。他的寫作意旨，乃因不滿於當時學風愈加浮濫虛靡、或輕薄而陷入佛教異端，其中「『氣即是理』，『性大於心』，《大學》之格致誠正修齊治平，與《中庸》之戒愼恐懼有直截橫貫工夫，本是一理」這段話，就是他的氣本論、心性論與修養工夫論的主要著力點，本論文即以此三方面來探討其思想的意涵。有關吳廷翰的思想研究，台灣學界的研究尙未見全面性，開展性亦不足。反觀日本學者和大陸學者的重視與肯定，他們的見解是探討吳廷翰思想的重要資源，但是以唯物主義觀點爲據，視其爲唯物主義氣本論思想家有失偏頗，本文回歸吳廷翰思想原典，梳理其思想脈絡，探討其氣學思想的體系、立場與特點。經過前面章節的論述，以下再進一步澄清唯物主義詮釋的誤解，並嘗試概括吳廷翰的思想特點、意義以及評價。

一、對唯物主義詮釋的澄清

　　繼羅欽順、王廷相之後，吳廷翰提出了「氣爲天地萬物之祖」的思想，加入了反對程朱思潮的一員，他認爲太極、道、陰陽、虛實、聚散是氣之異名，氣是宇宙萬物和人的思想精神統一的本體，理爲氣之理，人心、道心皆生於氣。他以氣爲本的思想立場是無可置疑的。而大陸學界普遍地基於唯物

論立場，以氣爲物質的存在，將他們視爲唯物論者，因而讚譽有加，但是對於「氣」的認知也有學者提出不同的見解，根據曾振宇〈氣的哲學化歷程〉的分析，他抽繹出三點結論：「一、中國古典氣範疇與哲學史上其他基本範疇一樣，是一兼容物質、精神、倫理於一體的、多元性的有機範疇；二、在本體論和宇宙生成論上，自然現象、精神現象和倫理現象是氣本體內在的、先驗的屬性，自然史、社會史和精神史是氣本體在不同層面上的放大和延伸；三、建構在這種本體論基礎上的中國古典哲學，其性質既不是唯物的、也不是唯心的，而是一種有別於西方哲學體系的、卓然獨立的泛生命哲學」。〔註1〕這些論點對於「氣」的界定有比較客觀持平的角度，是值得採信的。亦符合我們對羅、王、吳等氣本論者的考察，吳廷翰認爲「浩然之氣，則直指而言，亦非有出於無聲無臭之外也。」則是將浩然之氣包含於無聲無臭之氣中。因此，他所謂的氣除指天地陰陽之氣外，還含有人的精神境界，並非只是物質性的存在。並且他所指稱的「格物」之「物」是包括倫理道德、修養之事，甚至各種情感。雖然他反對程朱以「理」訓物，陽明以「事」訓物，但基本上他是統攝二者的，他重視物之本體，卻也不反對物可包括精神活動和心理現象。因此，以唯物論的觀點來論定吳廷翰的思想是有失偏頗的，將他的氣本論視爲唯物主義是可議的。

根據蒙培元《理學的演變》認爲理學體系的演變和分化是：在以朱熹爲代表的理學體系中有兩個最基本的矛盾：一是理本體論同氣化學說的矛盾；一是理本論與心本論的矛盾，由於這兩種矛盾導致朱熹哲學向三個方向發展。一是向客觀唯心主義體系的發展，繼承這一思想的是理學的正統派，他們在理論上沒有什麼貢獻。二是向主觀唯心論發展，從南宋末年到明中期，這一派佔了很大的勢力。三是向唯物主義轉化，這一派是理學的批判者，他們對朱熹理學體系進行長期的批判和改造，終於發展出唯物主義哲學。〔註2〕他以客觀唯心、主觀唯心、唯物主義來劃分理學的體系是有問題的，但將吳廷翰的氣學思想置於學術的體系上，與蒙培元所論的第三種轉化「理學的批判者」是相近的。

〔註1〕 曾振宇，〈氣的哲學化歷程〉，《遼寧師範大學學報》社科版，1996 年第 4 期，頁 21。

〔註2〕 蒙培元，《理學的演變——從朱熹到王夫之、戴震》，台北：文津出版社，1990，頁 26。

　　由於吳廷翰對知的強調，與唯物論以行作爲知的基本、主導的認識論不符合，所以他在這部分的論點引發了唯物論者不少的批評，甚至認爲是嚴重的失誤。〔註3〕因爲唯物論的偏頗立場，就會出現像這樣對吳廷翰思想的評論：

　　　　在唯心主義佔統治地位的時代，高舉唯物主義的旗幟，對程朱理學、

　　　　陸王心學和宗教神學進行了深刻的揭露和尖銳的批判，在揭露和批

　　　　判中，打擊了唯心主義哲學，捍衛了唯物主義哲學，並繼羅欽順、

　　　　王廷相之後，進一步發展了唯物主義哲學。〔註4〕

　　　　（他）從根本上打破孔孟而至宋儒所一直鼓吹的謊言：遵守封建道

　　　　德規範出於人之天性；把封建統治的道德教條，說成不是奴役人民

　　　　的工具，而是人性本有的天經地義。……在許多問題上。他敢於反

　　　　對程朱理學乃至孟子的一些觀點，但不敢公開打出旗號與孔子相抗

　　　　禮。這一切在今人看來顯然是美中不足。〔註5〕

這種充滿主觀口號式的評論內容，實在過於偏執，有失客觀與允當，因此，應跳脫此唯物論的思維模式，才能還給吳廷翰更眞實的面貌。

二、吳廷翰氣學思想的特點：務極折衷

　　吳廷翰的思想產生於明朝中期，有其政治社會的背景和時代思潮的影響。他一方面面對政治腐敗，人民生活疾苦的社會危機；另一方面「世眩於功利詞章之習」，遭逢反理學的思潮與心學空疏、猖狂妄行的流弊，他特別殫精竭力於經史百家的研讀，沈思玄詣的目的在「務極折衷」，而此折衷的態度正是他處於程朱官學的理本論與王學支離的心本論的紛爭中，所採取的學術路線，亦是其思想的特點。

　　他在氣本論與心性論上對程朱「理先氣後」、「性氣二分」的主張表現「合」，試圖從氣本論的立場，爲提高氣的本體地位，他泯除了理與氣、道（性）與氣、道與器、形而上與形而下之界限，取消天地之性與氣質之性、道心與人心、天理與人欲的對立。在心性論與修養工夫論上對陸王「心即性」、「知行合一」的主張則取「分」，主張心性是二、窮理是聖人分上事；格物是學者分上事、知行常在一處，自有先後、知行決是兩項。這種分合是他對程朱與

─────────────

〔註3〕　詳見於本文第四章第三節。

〔註4〕　姜國柱，《吳廷翰哲學思想探索》，頁1。

〔註5〕　程傳衡，〈明月不曾沈碧海──明代哲學家吳廷翰主要哲學思想評介〉，《安徽大學學報：哲社版》，1989年第2期，頁5、7。

陸王學派的折衷與融合，而且與他所處的外緣環境與內在的氣本理路相契合，他從「理氣是一」的氣本論出發，進而提出性即氣，性是本體，而心生於性，心涉形氣有不善在，因此需要察識辨別，使性定於仁義中正。他的本心是弱性的本心，不像陸王那般具有發動性。他的心也不像程朱的「心統性情」那般具有主宰性。所以修養工夫上特重於學來克治其心，然後可以盡性，使性定於善。而克制的方法就是格物致知、戒懼慎獨。學知在其學說中具有強大的重要性，他不像一些氣本論者特別重視行，他雖然也贊成「知行兼舉」，但是他又特別強化知的必要性，而表現知重於行的觀點。即使察識涵養並重，但仍以察識為先，他的心既是弱性的，其察識的動力從何而來是有問題的，實際上心的察識與涵養是並進的，他有這意思但不明顯。這應都是有鑑於王學的空虛無實的流弊而來的。

三、吳廷翰氣學思想的意義

（一）核心價值的轉換

　　吳廷翰處於明代中期，其思想的定位是處於明清儒學核心價值的轉換時期。根據王國良《明清時期儒學核心價值的轉換》探討，他指出：所謂「儒學核心價值」，主要是指兩宋理學集大成者朱熹創立的理論體系，其中主要的核心價值表現於人性論與價值觀方面，即天理與人欲、天命之性與氣質之性、道心與人心、公私義利是上下貫通的系列範疇，其中形而上與形而下的範疇互相對立，形而上系列的範疇原則上要通過消滅、遏制形而下系列的範疇才能獲得自己的存在。明代王陽明開始對程朱理學展開批判，開闢了思想解放的新路線。王門後學特別是泰州學派和李贄對程朱理學核心的價值展開全面反思、衝擊與批判，從總體趨勢上看，就是要將理學核心價值的秩序顛倒過來，使與現實世界、現實生活、人的身體、人的生命、人的物質要求、人的生存發展密切相關的形而下範疇序列上升為主導地位，可以說是理學價值的顛倒，也就是解構。但是，對理學核心價值的轉換在明代中期以後是思想界的普遍趨勢，並不局限於王學流派。氣學派、王學修正派等也表現出對理學核心價值進行轉換的理論努力。〔註6〕因此，吳廷翰在氣本論上的心性論，他取消天理與人欲、天命之性與氣質之性、道心與人心、公私與義利等範疇原

〔註6〕 參見王國良，《明清時期儒學核心價值的轉換》，安徽：安徽大學出版社，2002，
　　　　頁22、189。

本對立的關係，這顯現他在明清儒學核心價值的轉換過程中，是代表氣學派解構理學價值的其中一員。

（二）實學、考證的精神

葛榮晉在論述明清實學對宋明理學倫理觀念的影響中，認為明清實學與王學末流在倫理思想上的對立之一，就是在道德修養上主張由空悟靜虛之論向實功論（實修論）的轉變。這一轉變分為兩種情況：一是由程朱派的「主靜」、「居敬」之說向實功論的轉化；二是由王學末流的空悟轉向實修論的轉化。[註7] 吳廷翰思想的產生背景，除了反程朱理學的思潮外，又有見於心學的流弊，其思想亦是對當時類似王學末流之氛圍的反抗。他除以理氣、性氣一元論來批判程朱理學外，又以實踐之切要駁斥心學與禪學。在道德修養上，他強調「主靜必兼動靜」、「貫上用功」、「德性之知必實以聞見」已具有實學的精神，他是兼融程朱派與王學派這兩種情況的轉化。

余英時曾指出：清代學術不走上形而上學的途徑，表面上與宋明儒截然異趣，推源溯始，是從儒學內部爭論中逐漸演化出來的。陽明之後，因王學末流虛言「良知」，盡廢學問，引起學者的不滿，這才覺悟到必須回向經典，重求內聖外王之整體，所以漸有人出來強調「道問學」的重要。[註8] 吳廷翰正是處於這時代之流中，他治學則本著「取其不疑乎心，不戾乎聖人者，而以為是」的精神，極力要回歸於原始儒學；其氣本論沿襲羅欽順與王廷相而來，對前此宋明儒的理氣思想多所批判，他表明了自己治學的態度，是在以孔子《易經・繫辭傳》為本之下，又自己反覆探求，不規倣摹擬，也不自是穿鑿，對當時的程朱官學提出批判，進而建構出他自己「以陰陽為道」的氣本思想體系。其尊經、崇聖的態度一如日本古學派的學者他們已不是簡單地回歸儒學的原典，皆有見於當時朱子與陽明學或多或少受到佛教或老莊的影響，因而主張應直接回歸儒學原典，借用古典的權威來批判朱子學與陽明學，並企圖從古典中尋找對當時的現實生活有用的智慧，即回歸到「經世之學」的實用之學。[註9]

[註7] 葛榮晉，〈明清實學對宋明理學倫理觀念的影響〉，《中國文化研究》，1995 年春，頁 15。

[註8] 余英時，《中國思想傳統的現代詮釋》，台北：聯經出版社，1987，頁 22、140～141、407。

[註9] 以上論述參見王家驊對日本古學派形成的分析，《儒家思想與日本文化》，頁 116。

他不僅強調「道問學」，只有在「道問學」的基礎上，「尊德性」才能避免空虛無據，徒爲空中樓閣。其學問的範圍亦廣泛，從經學、史學、性理之學到天文曆算、詩文集，不像後來明末的心學那種主觀的學問，只是根據自己的體驗，從而在自己腦中導出結論。他根據典籍的知識爲證來導出結論，已具有某種程度的客觀性及實證性的學問類型。〔註 10〕這種博學又實證的學問方式，是後來明朝遺老的學問特色，也延續至清朝學者，從而形成一股樸學考證之風。

四、吳廷翰氣學思想的評價

吳廷翰「氣爲萬物之祖」的氣本論主張，氣才是眞正最高的本體，在他氣本論下的「理」、「道」、「性」皆具有二重性的意義。他的用語常有像程顥的渾淪傾向，如「以氣即理」、「氣即道，道即氣」、「性即是氣」、「器亦道，道亦器」、「道心亦人心，人心亦道心」等語，他受程顥的啓發不容忽略，但深究其義當然是不同於明道的。一般以陸王之學出於明道，而同樣的程顥用語，在不同的理路之下，卻有不同的義蘊，或許吳廷翰在當時王學盛行之下，藉此作爲其轉出的依據，而且他稱程顥爲「明道」；稱程頤則是「程子」，隱然與大程更爲熟稔，或有與陽明一較上下意。而這些渾合的「即」並不是純粹的關聯語，理、道、性與氣雖皆具有氣的同質性，表面上是一，無體用、理質、無形上形下等分別，但是理只是氣的條理與規律性，道是指「氣得其理」而言。即使「性氣一物」不分形上形下，但論其先後則是氣先於性。此係針對程朱理氣二分、理先氣後、道氣分言、「以性爲理，以氣爲氣」之說，目的在將程朱視爲形下之氣上升到與形上之理、道、性一樣都是第一位階。氣本論下，理（道）與氣、道與器、形上與形下是隨處異名，但當理與道失落了本體義時，吳廷翰的氣本論表現了對客觀事物的認識的重視，這意義是值得肯定的。

氣本論者的思想價值如何？學者劉人鵬曾經在對清代考證學風盛行的探討上提出這樣的說明：

> 在理氣二元、理在氣先的哲學裡，強調的是理、道、形上、體、本體、理學、經學的世界；而在理氣一元、理在氣中、以氣爲本的哲

〔註 10〕以上論述是明朝遺老學問的特色之一，博學又實證的學問方式，參見於（日）加藤常賢等著，蔡懋棠譯，《中國思想史》，台北：台灣學生書局，1978，頁172。

> 學裡，所強調的則是氣、器、形下、用、工夫、經學、史的世界，
> 唯有當哲學上肯定了氣、器的世界，學者始得以在這個形下的世界
> 裡安身立命。在理氣二元的哲學裡，理有優先性，若是沈浸於形器
> 世界就是玩物喪志，是理想的失落；但當人們肯定了氣的優先性，
> 肯定了形氣的世界從某方面說，是一種解放，脫去了理氣對立時理
> 對氣的要求，形器本身可以就是目的。形器世界中的文物考索，於
> 是可以在理論上賦予意義與價值。〔註11〕

許多學者多像這樣肯定氣本論是清代考證學風的基礎，在明清儒學核心價值的轉換過程中，吳廷翰是代表氣學派解構理學價值的其中一員，他的氣學思想的確具有價值，甚而影響日本古學一派。此外，他跳脫王學單獨講究的良知德性，可補救王陽明事上磨煉良知說的偏向，亦值得肯定。

　　吳廷翰處於明代氣本論的模糊階段，當理與道失落了本體義時，氣本論者主張人性本善在理論上的難度更高於理本論與心本論者，因為他失去高懸於氣之外的理、心這類的善之本體作為來源，而在程朱理本論的傳統下，氣是惡的來源，氣稟之說難以證成性善，如何以氣善作為性善的依據是其理論要克服的問題。雖然其氣本論下的人性論，仍維持朱子學使自然界與人類社會具有連續性的「天人合一」思維方式，氣與仁義是「道」的同體異名，仁義是氣的善名，也是善性，即人的本性，旨在強調道德修養的工夫，以及後天學習的意義，最終仍是符合儒家成聖成賢的傳統，他已注意到氣本論的本體論與道德論的整體關係。但他的氣稟說對於這個問題尚未能充分予以解決，故令後人對他的人性論的理解、詮釋常有分歧。

　　吳廷翰的知行觀是由其氣學一貫而來的，因為氣稟所限，學知是道德修養的前提，故實踐道德必先求知識。他在修養工夫上表面上對程朱的承襲較多，而對陸王的批判也較多且不留情，有些論者將他看作是一個朱子學者，肯定他在宇宙本體的論述上有一些新穎之處，但在格物、知行諸方面則未能提出新的觀點，這是不察於他氣本論的體系而產生的誤解。雖然他的格物論是氣學派式的，既不同於陽明的心學，亦不同於程朱的理學，但處於氣學演進的過渡時期，長期程朱思想的影響是不可逃避的現實，他鮮明的反王色彩以及表述，他和羅欽順一樣往往易遭人誤解為朱子學者。

〔註11〕 劉人鵬，《閻若璩與古文尚書辨偽──一個學術史的個案研究》，台灣大學中文研究所博士論文，1991，頁 318～319。

　　這樣一位思想家爲何在日本學術界深受注意，流傳甚廣，影響也很深遠，但在中國卻湮沒不著，這是值得重視的問題。或許處於氣學的開拓時期，他所遺留的著作有限，加以有湮沒不彰的，於是無法清晰完整地認識他所建構的體系，加以王夫之、戴震等人的後出轉精、論見豐富、體係更爲完整，遂轉移注視的焦點。當然台灣學界多因不能認同這種類比於唯物論觀點而忽略氣學的研究，也侷限了我們對吳廷翰的氣學思想的認識，是不可否認的事實。

參考資料

一、古代典籍

1. （明）吳廷翰，（日）松臺先生訂考，《櫝記》，《和刻本漢籍隨筆集》第八集，東京：汲古書院發行，古典研究會出版，1979 第三刷。

2. （明）吳廷翰，容肇祖點校，《吳廷翰集》，北京：中華書局，1984。

3. （明）吳廷翰，《蘇原全集》，明萬曆二十九年（1601）吳國寶編次、吳國寅刊本，（日）東京都：高橋情報出版，1993。

4. （魏）王弼注，（晉）韓康伯注，（唐）孔穎達疏，《周易注疏》，台北：台灣學生書局，1967。

5. （宋）張載撰，朱熹注，《張子全書》，台北：台灣商務印書館，1979。

6. （宋）張載，《張載集》，台北：里仁書局影印標點本，1981。

7. （宋）程顥、程頤，《二程集》，台北：里仁書局影印標點本，1982。

8. （宋）朱熹著，黎靖德編，《朱子語類》，台北：正中書局影印本，1970臺二版。

9. （宋）朱熹，《朱子大全》，台北：台灣中華書局據明胡氏刻本校刊，1966。

10. （宋）朱熹，《周易本義》，台北：新文豐出版公司，1979。

11. （宋）朱熹，《四書章句集注》，北京：中華書局，1983。

12. （宋）陸九淵，《陸九淵集》，台北：里仁書局影印標點本，1981。

13. （宋）楊簡，《慈湖先生遺書》，濟南：山東友誼書社，1991。

14. （宋）吳澄，《吳文正集》，台北：台灣商務印書館，四庫全書珍本二集，1996。

15. （明）葉子奇，《草木子》，台北：廣文書局，1975。

16. （明）薛瑄，《讀書錄》，景印文淵閣四庫全書 711 冊，台北：台灣商務印書館，1983。

17. （明）蔡清，《四書蒙引》，景印文淵閣四庫全書 206 冊，台北：台灣商務印書館，1983。

18. （明）蔡清，《易經蒙引》，景印文淵閣四庫全書 29 冊，台北：台灣商務印書館，1983。

19. （明）羅欽順，《困知記》，北京：中華書局，1990。

20. （明）王廷相，《王廷相集》，北京：中華書局，1989。

21. （明）王守仁，《王陽明全書》，上海：上海古籍出版社，1992。

22. （明）王畿，《王龍溪語錄》，北京：中華書局，1989。

23. （明）高拱，《高拱論著四種》，北京：中華書局，1993。

24. （清）王夫之，《船山全書》，長沙：嶽麓書社，1996 二刷。

25. （清）戴震，《戴震集》，台北：里仁書局影印標點本，1980。

26. （清）黃宗羲，《宋元學案》，台北：世界書局，1961。

27. （清）黃宗羲，《明儒學案》，北京：中華書局，1985。

28. （清）張廷玉等撰，《明史》，北京：中華書局，1974。

29. （清）陳田，《明詩紀事》，上海：上海古籍出版社，1993。

30. （清）黃之雋等，《江南通志》，清乾隆二年重修本，台北：華文書局，1967。

31. （清）張祥雲，《盧州府志》，清嘉慶八年刊本，台北：成文出版社，1985。

二、當代論著

1. 韋政通，《中國思想史》，台北：水牛出版社，1988 八版。

2. 勞思光，《中國哲學史新編》，三民書局，1990 第六版。

3. 任繼愈主編，《中國哲學史》，北京：人民出版社，1990。

4. 馮友蘭，《中國哲學史新編》，台北：藍燈文化公司，1991。

5. 張豈之主編，《中國思想史》上下冊，台北：水牛出版社，1992。

6. 馮友蘭，《中國哲學史》，台北：臺灣商務印書館，1993。

7. 侯外廬主編，《中國思想史綱》，台北：五南圖書出版公司，1993。

8. 何兆武、步近智、唐宇元、孫開太，《中國思想發展史》，台北：明文書局，1993。

9. 張岱年，《中國哲學大綱》，北京：中國社會科學出版社，1994。

10. 孫開泰、劉文雨、胡偉希，《中國哲學史》，台北：文津出版社，1995。

11. 劉宗賢、謝祥皓，《中國儒學》，台北：水牛出版社，1995。

12. 加潤國，《中國儒學史話》，河北：河北大學出版社，1999。

13. 徐復觀，《中國思想史論集》，台中：東海大學，1959。

14. 傅武光，《中國思想史論集》，台北：文津出版社，1980。

15. 唐君毅，《中國哲學原論——原性篇》，台北：臺灣學生書局，1984。

16. 唐君毅，《中國哲學原論——導論篇》，台北：臺灣學生書局，1986。

17. 余英時，《中國思想傳統的現代詮釋》，台北：聯經出版社，1987。

18. 唐君毅，《中國哲學原論原性篇——中國哲學中人性思想之發展》，台北：臺灣學生書局，1989。

19. 唐君毅，《中國哲學原論原教篇——宋明理學思想之發展》，台北：臺灣學生書局，1989。

20. 馮耀明，《中國哲學的方法論問題》，台北：允晨文化實業股份有限公司，1989。

21. 姜國柱、朱葵菊，《中國歷史上的人性論》，北京：中國社會科學出版社，1989。

22. 張岱年，《中國古典哲學概念範疇要論》，北京：中國社會科學出版社，1989。

23. 唐君毅，《中國哲學原論導論篇》，台北：臺灣學生書局，1990。

24. 李存山，《中國氣論探源與發微》，北京：中國社會科學出版社，1990。

25. 蒙培元，《中國心性論》，台北：台灣學生書局，1990。

26. 張立文主編，《中國哲學範疇精粹叢書——氣》，北京：中國人民大學出版社，1990。

27. 張立文主編，《中國哲學範疇精粹叢書——理》，台北：漢興書局有限公司，1991。

28. 張立文，《中國近代新學的展開》，台北：東大出版社，1991。

29. 李書有主編，《中國儒家倫理思想發展史》，江蘇：古籍出版社，1992。

30. 李杜，《中國古代天道思想論》，台北：藍燈文化公司，1992。

31. 楊儒賓主編，《中國古代思想中的氣論與身體觀》，台北：巨流圖書公司，1993。

32. 劉翔，《中國傳統價值觀念詮釋學》，台北：桂冠圖書公司，1993。

33. 葛榮晉，《中國哲學範疇導論》，台北：萬卷樓圖書公司，1993。

34. 馮契，《中國古代哲學的邏輯發展》上下冊，上海：人民出版社，1993。

35. 葛榮晉主編，《中國實學思想史》，北京：首都師範大學出版社，1994。

36. 張立文主編，《中國哲學範疇精粹叢書——道》，台北：漢興書局有限公司，1994。

37. 王煜,《中國學術思想論叢》,台北:明文書局,1994。

38. 方立天,《中國古代哲學問題發展史》上下冊,北京:中華書局,1995。

39. 李澤厚,《中國古代思想史論》,台北:三民書局,1996。

40. 楊儒賓、黃俊傑編,《中國古代思維方式探索》,台北:正中書局,1996。

41. 張立文主編,《中國哲學範疇精粹叢書——天》,台北:七略出版社,1996。

42. 張立文主編,《中國哲學範疇精粹叢書——性》,台北:七略出版社,1996。

43. 張立文,《中國哲學範疇發展史——天道篇》,台北:五南圖書出版公司,1996。

44. 牟宗三,《中國哲學十九講——中國哲學之簡述及其所涵蘊之問題》,台北:臺灣學生書局,1997 七刷。

45. 張立文,《中國哲學範疇發展史——人道篇》,台北:五南圖書出版公司,1997。

46. 張立文主編,《中國哲學範疇精粹叢書——心》,台北:七略出版社,1997。

47. 方克立,《中國哲學史的知行觀》,北京:人民出版社,1997。

48. 鄭萬耕編,《中國傳統哲學新論:朱伯崑教授七十五壽辰紀念文集》,北京:九洲圖書出版社,1999。

49. 張立文主編,向世陵著,《中國哲學範疇精粹叢書——變》,台北:七略出版社,2000。

50. 羅光,《中國哲學思想史——宋代篇》,台北:臺灣學生書局,1984。

51. 姜國柱,《中國歷代思想史——宋元卷》,台北:文津出版社,1993。

52. 羅光,《中國哲學思想史——元明篇》,台北:台灣學生書局,1988。

53. 容肇祖,《中國歷代思想史——明代卷》,台北:文津出版社,1993。

54. 王健、史仲文、胡曉林主編,《百卷本中國全史——中國明代思想史》,北京,北京人民出版社,1994。

55. 張學智,《明代哲學史》,北京:北京人民出版社,2000。

56. 李書增、岑青、孫玉杰、任金鑒,《中國明代哲學》,河南:河南人民出版社,2002。

57. 朱葵菊,《中國歷代思想史——清代卷》,台北:文津出版社,1993。

58. 張立文,《宋明理學研究》,北京:中國人民大學出版社,1985。

59. 侯外廬、邱漢生、張豈之主編,《宋明理學史》下卷,北京:人民出版社,1987。

60. 蔡仁厚,《宋明理學》,台北:臺灣學生書局,1993 三版。

61. 陳來,《宋明理學》,台北:洪葉文化事業有限公司,1993。

62. 黃公偉,《宋明清理學體系論史》,台北:幼獅文化事業公司,1971。

63. 陳福濱，《晚明理學思想通論》，台北：環球書局，1983。

64. 林繼平，《明學探微》，台北：臺灣商務印書館，1984。

65. 熊琬，《宋代理學與佛學之探討》，台北：文津出版社，1985。

66. 古清美，《明代理學論文集》，台北：大安出版社，1990。

67. 林聰舜，《明清之際儒家思想的變遷與發展》，台北：台灣學生書局，1990。

68. 錢穆等，《中國哲學思想論集——宋明篇》，台北：水牛出版社，1991 二版。

69. 李紀祥，《明末清初儒學之發展》，台北：文津出版社，1992。

70. 于化民，《明中晚期理學的對峙與合流》，台北：文津出版社，1993。

71. 張立文，《宋明理學邏輯結構的演化》，台北：萬卷樓圖書公司，1993。

72. 鄧克銘，《宋代理概念之開展》，台北：文津出版社，1993。

73. 宗志罡主編，《明代思想與中國文化》，安徽：人民出版社，1994。

74. 陳鼓應、葛榮晉、辛冠潔主編，《明清實學簡史》，北京：社會科學文獻出版社，1994。

75. 蕭萐父、許蘇民，《明清啓蒙學術流變》，瀋陽：遼寧教育出版社，1995。

76. 祝瑞開編，《宋明思想和中國文化》，上海：學林出版社，1996。

77. 馮達文，《宋明新儒學略論》，廣東：人民出版社，1997。

78. 鄭宗義，《明清儒學轉型探析——從劉蕺山到戴東原》，香港：香港中文大學，2000。

79. 陳榮捷著，朱榮貴編，《宋明理學之概念與歷史》，台北：中央研究院中國文哲研究所籌備處，2000 二刷

80. 戴景賢，《北宋周張二程思想之分析》，台北：台大文學院，1979。

81. 錢穆，《朱子新學案》，台北：三民書局，1982 再版。

82. 劉述先，《朱子哲學思想的發展與完成》，台北：臺灣學生書局，1982。

83. 陳榮捷，《朱學論集》，台北：台灣學生書局，1982。

84. 黃俊傑，《儒學傳統與文化創新》，台北：東大圖書公司，1983。

85. 牟宗三，《心體與性體》，台北：正中書局，1985 台初版六刷。

86. 張君勱，《新儒家思想史》，台北：弘文館出版社，1986。

87. 王孝廉編譯，，《哲學、文學、藝術：日本漢學研究論集》，台北：時報文化，1986。

88. 李日章，《程顥、程頤》，台北：東大圖書公司，1986。

89. 成中英，《知識與價值——和諧、真理與正義之探索》，台北：聯經出版社，1986。

90. 黃秀璣，《張載》，台北：東大圖書公司，1987。

91. 秦家懿，《王陽明》，台北：東大圖書公司，1987。

92. 張永儁，《二程學管見》，台北：東大圖書公司，1988。

93. 衷爾鉅，《吳廷翰哲學思想》，北京：人民出版社，1988。

94. 蒙培元，《理學範疇系統》，北京：人民出版社，1989。

95. 容肇祖，《容肇祖集》，山東：齊魯書社，1989。

96. 朱建民，《張載思想研究》，台北：文津出版社，1989。

97. 陳郁夫，《周敦頤》，台北：東大圖書公司，1990。

98. 陳榮捷，《朱熹》，台北：東大圖書公司，1990。

99. 陳俊民，《張載哲學與關學學派》，台北：台灣學生書局，1990。

100. 陳來，《朱熹哲學研究》，台北：文津出版社，1990。

101. 蔡仁厚，《儒家心性之學論要》，台北：文津出版社，1990。

102. 唐君毅，《哲學論集》，台北：臺灣學生書局，1990。

103. 曾春海，《朱熹易學析論》，台北：輔仁大學出版社，1990 再版。

104. 葛榮晉，《王廷相和明代氣學》，北京：中華書局，1990。

105. 姜國柱，《吳廷翰哲學思想探索》，安徽：人民出版社，1990。

106. 蒙培元，《理學的演變——從朱熹到王夫之、戴震》，台北：文津出版社，1990。

107. 朱伯崑，《易學哲學史修訂本》（一~四冊），台北：藍燈出版社，1991。

108. 唐君毅，《唐君毅全集卷十八——哲學論集》，台北：台灣學生書局，1991。

109. 唐君毅，《唐君毅全集卷二十二——哲學概論》，台北：台灣學生書局，1991。

110. 盧雪昆，《儒家的心性學與道德形上學》，台北：文津出版社，1991。

111. 葛榮晉，《中日實學史研究》，北京：中國社會科學出版社，1992。

112. 葛榮晉，《王廷相》，台北：東大圖書公司，1992。

113. 楊祖漢，《儒家的心學傳統》，台北：文津出版社，1992。

114. 王育濟，《理學、實學、樸學》，山東：友誼出版社，1993。

115. 姜廣輝，《理學與中國文化》，上海，上海人民出版社，1994。

116. 王家驊，《儒家思想與日本文化》，台北：淑馨出版社，1994。

117. 楊儒賓，《儒家身體觀》，台北：中央研究院中國文哲研究所籌備處，1996。

118. 王煜，《文哲心得與書評》，台北：水牛出版社，1996。

119. 謝大寧，《儒家圓教底再詮釋——從「道德的形上學」到「溝通倫理學底存有論轉化」》，台北：台灣學生書局，1996。

120. 黃俊傑、町田三郎、柴田篤主編,《東亞文化的探索——傳統文化的發展》,台北:正中書局,1996。

121. 姜國柱《儒家人生論》,北京:國防大學出版社,1997。

122. 東方朔,《劉蕺山哲學研究》,上海:上海人民出版社,1997。

123. 金春峰,《朱熹哲學思想》,台北:東大圖書公司,1998。

124. 高令印、樂愛國,《王廷相評傳》,南京:南京大學出版社,1998。

125. 連清吉,《日本江戶時代的考證學家及其學問》,台北:台灣學生書局,1998。

126. 鍾彩鈞主編,《劉蕺山學術思想論集》,台北:中央研究院中國文哲研究所籌備處,1998。

127. 王新華,《周易辭傳研究》,台北:文津出版社,1998。

128. 李杜,《儒學與儒教論》,台北:藍燈文化公司,1998。

129. 周天令,《朱子道德哲學研究》,台北:文津出版社,1999。

130. 朱謙之,《日本的古學及陽明學》,北京:人民出版社,2000。

131. 劉又銘,《理在氣中:羅欽順、王廷相、顧炎武、戴震氣本論研究》,台北:五南圖書出版公司,2000 二版。

132. 張立文,《船山哲學》,台北:七略出版社,2000。

133. 黃俊傑,《儒家思想在現代東亞:日本篇》,台北:中央研究院中國文哲研究所籌備處,2000。

134. 黃俊傑,《東亞儒學史的新視野》,台北:喜馬拉雅基金會,2001。

135. 鍾彩鈞編,《朱子學的開展——學術篇》,台北:漢學研究中心,2002。

136. 楊儒賓編,《朱子學的開展——東亞篇》,台北:漢學研究中心,2002。

137. 王國良,《明清時期儒學核心價值的轉換》,安徽:安徽大學出版社,2002。

138. （日）三浦藤作著,張宗元、林科棠譯,《中國倫理學史》,台北:台灣商務印書館,1964 台一版。

139. （日）渡邊秀方著,劉侃元譯,《中國哲學史概論》,台北:台灣商務印書館,1964。

140. （日）岡田武彥,《宋明哲學序說》,東京:文言社,1977（昭和 52）。

141. （日）加藤常賢等著,蔡懋棠譯,《中國思想史》,台北:台灣學生書局,1978。

142. （日）宇野精一主編,洪順隆譯,《中國思想之研究:儒家思想（一）》,台北:幼獅文化事業公司,1979 再版。

143. （日）赤塚忠、金谷治、福永光司、山井湧著,張昭譯,《中國思想史》,台北:儒林圖書公司,1981。

144. （日）岡田武彥等著，《日本學者論中國哲學史》，台北：駱駝出版社，1987。

145. （日）小野澤精一、福光永司、山井湧編著，李慶譯，《氣的思想——中國自然觀和人的觀念的發展》，上海：人民出版社，1992 三刷。

146. （日）溝口雄三著，林右崇譯，《中國前近代思想的演變》，台北：國立編譯館，1994 台一版。

147. （日）岡田武彥，吳光、錢明、屠承先譯，《王陽明與明末儒學》，上海：上海古籍出版社，2000 年。

三、學位論文

1. 賴慧玲，《羅整菴思想研究》，台灣大學中文研究所碩士論文，1987。

2. 祝平次，《朱子的理氣心性說與明初理學的發展》，台灣大學中文研究所碩士論文，1990。

3. 胡森永，《從理本論到氣本論——明清儒學理氣觀念的轉變》，台灣大學中文研究所博士論文，1991。

4. 劉人鵬，《閻若璩與古文尚書辨偽——一個學術史的個案研究》，台灣大學中文研究所博士論文，1991。

5. 杜保瑞，《論王船山易學與氣論並重的形上學進路》，台灣大學哲學研究所博士論文，1993。

6. 劉啟崑，《張橫渠「太虛即氣」之思想史詮釋》，台灣大學哲學研究所碩士論文，1995。

7. 趙世瑋，《戴震倫理思想研究》，中山大學中國文學系碩士論文，1995。

8. 鄭自誠，《明代前期理學思潮研究》，台灣大學中文研究所碩士論文，1997。

9. 陳一峰，《宋明理學中氣觀念之反省與釐清——一項以張載、朱熹與王守仁為典型的分析》，文化大學哲學研究所博士論文，1998。

10. 林嘉怡，《明代中期「以氣論性」說的崛起——羅欽順與王廷相人性論之研究》，政治大學中文研究所碩士論文，1998。

11. 金春植，《張載氣化論之結構》，政治大學哲學研究所碩士論文，1999。

12. 陳正宜，《羅欽順理學思想之研究》，中國文化大學中文研究所碩士論文，1999。

四、期刊、論文集論文

1. 袁爾鉅，〈理學與心學考辨——兼論確認「氣學」〉，《甘肅社會科學》，1980年第 5 月，頁 27～31。

2. 袁爾鉅，〈伊藤仁齋對吳廷翰思想的發展〉，《中州學刊》，1983 年第 1 期，頁 57～61。

3. 袁爾鉅，〈吳廷翰及其哲學思想——對一位久被湮沒的哲學家的初探〉，《哲學研究》，1983 年第 3 期，頁 63～70。

4. 葛榮晉，〈吳廷翰哲學思想初探——兼論吳廷翰和王廷相哲學之比較〉，《江淮論壇》，1986 年第 1 期，頁 92～101。

5. 姜國柱，〈吳廷翰的無神論思想〉，《世界宗教研究》，1988 年第 1 期，頁 118～126。

6. 姜國柱，〈吳廷翰的氣論及其思想影響〉，《安徽師大學報：哲社版》，1988 年第 3 期，頁 69～75。

7. 袁爾鉅，〈理學和心學考辨——兼論確認「氣學」〉，《甘肅社會科學》，1988 年第 3 期，頁 27～31。

8. 袁爾鉅，〈試探二程對明代氣一元論的影響〉，《中州學刊》，1988 年第 6 期，頁 57～61。

9. 袁爾鉅，〈羅欽順開端明代氣學〉，《哲學研究》，1988 年第 8 期，頁 70～72。

10. 程傳衡，〈明月不曾沈碧海——明代哲學家吳廷翰主要哲學思想評介〉，《安徽大學學報：哲社版》，1989 年第 2 期，頁 3～7。

11. 谷方，〈重在發掘：評袁爾鉅《吳廷翰哲學思想》〉，《中國哲學史研究》，1989 年第 2 期，頁 124～128。

12. 嚴健羽，〈王廷相對唯物主義認識論的重大貢獻〉，《社會科學》，1989 年第 3 期，頁 45～50。

13. 林聰舜，〈道德與事功——由知行合一探討陽明思想產生歧異發展的根源〉，《陽明學術討論會論文集》，國立台灣師範大學人文教育研究中心，1989 年 3 月，頁 87～104。

14. 袁爾鉅，〈論明代的理學與心學〉，《中州學刊》，1990 年第 1 期，頁 52～60。

15. 谷方，〈王廷相與明代批判理學思潮〉，《中州學刊》，1990 年第 2 期，頁 44～51。

16. 張顯清，〈試論陽明心學的歷史作用〉，《孔子研究》，1990 年 6 月，頁 53～61。

17. 葛榮晉，〈王廷相在中國哲學史上的地位〉，《中州學刊》，1991 年第 5 期，頁 65～70。

18. 蔡方鹿，〈氣與宋明理學〉，《重慶師院學報：哲社版》，1991 年第 1 期，頁 14～20。

19. 蔡方鹿，〈朱熹「心統性情」說新論〉，《孔子研究》，濟南，1991 年 4 月，頁 74～78。

20. 謝豐泰,〈王廷相的宇宙理論及此理論的哲學特色〉,《西藏民族學院學報:社科版》,1991 年 4 月,頁 35～42、55。

21. 李同年、楊堯,〈中國理學演化史上的中間環節——薛瑄的認識論評析〉,《傳統文化》,1991 年 4 月,頁 79～84。

22. 陳志明,〈明中葉學者的儒釋之辨——以王守仁、羅欽順為例〉,《孔子研究》,1991 年 4 月,頁 79～84。

23. 劉學智,〈關於張載哲學研究的幾點思考〉,《哲學研究》,1991 年第 12 期,頁 71～73。

24. 劉述先,〈有關宋明儒對心、性、理的了解之反思〉,《西北民族學院學報:哲社版》,1992 年第 2 期,頁 30～35

25. 張懷承,〈戴震氣化流行的學說及其對傳統氣論的繼承與發展〉,《中國文化月刊》,1992 年 2 月。

26. 康中乾,〈論張載「氣」範疇德邏輯矛盾——兼論關學衰落的理論根源〉,《人文雜誌》,1992 年 2 月,頁 25～30、10。

27. 沙楓,〈吳廷翰唯物主義思想初探〉,《甘肅社會科學》,1992 年 3 月,頁 32～33。

28. 朱漢民,〈對終極存在的時空追溯——朱熹哲學本體論新探〉,《求索》(長沙),1992 年 3 月,頁 64～68。

29. 袁爾鉅,〈從「大學古本序」的兩種文本看王陽明心學的行程過成〉,《文史哲》,濟南,1992 年 3 月,頁 74～79。

30. 楊國榮,〈從朱熹到王陽明〉,《哲學與文化》,1992 年 7 月,頁 626～638。

31. 張立文,〈戴震對自然生命的關懷〉,《孔子研究》,1993 年 4 月,頁 95～103。

32. 李存山,〈羅欽順的儒釋之辨——兼論其與關學與洛學的關係〉,《中州學刊》,1993 年第 3 期,頁 72～76。

33. 李存山,〈羅、王、吳心性思想合說〉,《哲學研究》,1993 年第 3 期,頁 41～47。

34. 徐儀明,〈張載的天論與氣論〉,《復旦學報》,1993 年第 5 期,頁 42～47。

35. 于化民,〈羅欽順對理學的發展及與王守仁的論爭〉,《學海》,1993 年第 5 期,頁 21～25。

36. 楊澤波,〈從義利之辨到理欲之爭——論宋明理學「去欲主義」的產生〉,《復旦學報》,1993 年第 5 期,頁 35～41。

37. 吳昌合,〈吳廷翰及其著作〉,《中國典籍與文化》,1994 年第 1 期,頁 19～20。

38. 蔡方鹿,〈1949 年以來程顥、程頤研究述論〉,《社會科學研究》(成都),1994 年 2 月,頁 93～99。

39. 孫希國，〈試論古代哲學發展過程中物質與精神的互滲現象——從老子的「道」談起〉，《文史哲》，1994 年 9 月 24 日第 5 期，頁 23～30。

40. 楊儒賓，〈理學論辯中的「作用是性」說〉，《漢學研究》，1994 年 12 月，頁 11～37。

41. 葛榮晉，〈明清實學對宋明理學倫理觀念的影響〉，《中國文化研究》，1995 年春，頁 12～18。

42. 王培華，〈關於王廷相歷史思想的幾個問題〉，《史學史研究》，1995 年第 1 期，頁 58～61。

43. 鍾彩鈞，〈羅整菴的理氣論〉，《中國文哲研究集刊》第 6 期，1995 年 3 月，頁 199～220。

44. 袁爾鉅，〈羅欽順的氣一原論〉，《甘肅社會科學》，1995 年第 6 期，頁 10～12。

45. 蔣國保，〈王廷相「氣本」論的內在理路〉，《江淮論壇》，1996 年第 2 期，頁 79～86。

46. 曾振宇，〈氣的哲學化歷程〉，《遼寧師範大學學報》社科版，1996 年第 4 期，頁 15～21。

47. 劉見成，〈鬼神、魂魄與不朽：氣論的觀點〉，《宗教哲學》，1996 年 7 月。

48. 虞聖強，〈氣本論與心學的格物之爭——記羅欽順與王陽明的兩封通信〉，《孔子研究》，1996 年第 4 期，頁 94～98。

49. 王俊彥，〈吳廷翰的格物致知論〉，《儒學與現代管理研討會》，南臺技術學院，1996 年 11 月，頁 35～58。

50. （日）荒木見悟著，廖肇亨譯，〈對氣學解釋的質疑——以王廷相為中心〉，《大陸雜誌》，1996 年 12 月，頁 1～12。

51. 王俊彥，〈吳廷翰「以氣即理，以性即氣」的思想〉，《華岡文科學報》第 21 期，1997 年 3 月，頁 61～92。

52. 張家成、李班，〈論宋明理學的道德修養途徑與方法〉，《浙江大學學報》社科版，1997 年 3 月，頁 24～32。

53. 崔大華，〈劉蕺山與明代理學的基本走向〉，《中州學刊》，1997 年 3 月，頁 64～68。

54. 陸玉林，〈王陽明晚年心境與哲學精神〉，《孔子研究》，1997 年 2 月，頁 92～98。

55. 李振綱，〈論王陽明道學革新及其歷史地位〉，《中國哲學史》，1997 年 3 月，頁 95～102。

56. 許珠武，〈本體與功夫——對王陽明本體功夫觀的思考〉，《浙江學刊》，1997 年第 6 期，頁 74～77。

57. 柳熙星，〈王陽明「知行合一論」在道德實踐上的涵意〉，《中國文化月刊》，1997 年 7 月。

58. 蔡仁厚，〈王陽明致良知宗旨之建立〉，《中國文化月刊》，1997 年 7 月，頁 1～11。

59. 蔡仁厚，〈王陽明的知行思想〉，《中國文化月刊》，1997 年 9 月。

60. 段超，〈晚明「學風空疏」考辨〉，《社會科學戰線》，1998 年 1 月，頁 164～171。

61. 彭永捷，〈「理一分殊」新釋——兼論朱子對「理」的本體地位的論證〉，《中國人民大學學報》，1998 年 1 月，頁 36～41。

62. 劉見成，〈王廷相的氣本論與形神觀〉，《中國文化月刊》，1998 年 8 月。

63. 郁振華，〈「理氣之辨」的重光〉，《中州學刊》，1999 年 6 月，頁 68～73。

64. 向世陵，〈理學流派與性學的價值〉，《哲學研究》，1999 年 9 月，頁 59～67。

65. 王俊彥，〈王廷相的元氣無息論〉，《章太炎與近代中國學術研討會論文集》，善同文教基金會，里仁出版社，1999，頁 503～525。

66. 向世陵，〈張載氣學的實學精神〉，《河北學刊》，2000 年 2 月，頁 37～41。

67. （日）岡田武彥著，陳瑋芬譯，〈戴震與日本古學派的思想——唯氣論與理學批判論的展開〉，《中國文哲研究通訊》，2000 年 6 月。

68. 劉長城，〈宋明理學尊德性與道問學的對峙〉，《孔孟學刊》，2000 年 6 月，第 38 卷第 10 期，頁 21～24。

69. 曾振宇，〈王廷相氣論哲學新探——兼論中國古典氣論哲學的一般性質〉，《煙台大學學報》，2001 年 1 月，頁 11～21。

70. 許珠武，〈明覺與思維——論二程認識路線的分殊〉，《中州學刊》，2001 年 9 月，頁 90～92。

71. 王俊彥，〈呂緝熙「氣生於氣」之思想〉，《中國文化大學中文學報》，2002 年 3 月，第 7 期，頁 31～62。

72. 王煜，〈明清哲學八題〉，《文哲心得與書評》，台北：水牛出版社，1996，頁 237。

73. 洪漢鼎，〈從詮釋學看中國傳統哲學「理一分殊」命題的意義變遷〉，《中國文哲研究通訊》，1999 年第 9 卷第 3 期，頁 33～56。

74. 詹海雲，〈清初實學思潮〉，《清代學術論叢——第一輯》，國立中山大學清代學術研究中心，文津出版社，2001，頁 101～131。

75. 劉又銘，〈顧炎武以氣爲本的宇宙觀〉，《清代學術論叢——第一輯》，國立中山大學清代學術研究中心，文津出版社，2001，頁 169～183。

76. 秦家懿，〈太極論：朱熹的秘傳學說〉，《朱子學的開展—學術篇》，漢學研究中心，2002，頁 205。